D0995871

Paroles de Sagesse

Les Soeurs de la Congrégation de Notre-Dame
RÉSIDENCE NOTRE-DAME-DE-LA-VICTOIRE
4120, avenue de Vendôme
Montréal, Qc H4A 3N1

Walter Vogels

Paroles de Sagesse

Proverbes pour la vie de tous les jours

Traduit de l'anglais par Albert Beaudry

NOVALIS

Paroles de sagesse. Proverbes pour la vie de tous les jours est publié par Novalis.

Traduction: Albert Beaudry

Couverture: Christiane Lemire

Éditique: Christiane Lemire, Francine Petitclerc

© Novalis, Université Saint-Paul, Ottawa, Canada, 2004.

Dépôt légal: 3ᵉ trimestre 2004
 Bibliothèque nationale du Canada
 Bibliothèque nationale du Québec

Novalis, 4475, rue Frontenac, Montréal (Québec), H2H 2S2
 C.P. 990, succursale Delorimier, Montréal (Québec), H2H 2T1

ISBN: 2-89507-548-4

Imprimé au Canada

Nous reconnaissons l'aide financière du gouvernement du Canada par l'entremise du Programme d'aide au développement de l'industrie de l'édition (Padié) pour nos activités d'édition

Catalogage avant publication de Bibliothèque et Archives Canada

Vogels, Walter, 1932-
 Paroles de sagesse

   Traduction de: Words of wisdom.
   Comprend des réf. bibliogr.

   ISBN 2-89507-548-4

   1. Proverbes. 2. Proverbes - Histoire et critique. 3. Bible. A.T. Proverbes.
4. Proverbes dans la Bible. 5. Sagesse –Citations, maximes, etc. I. Titre.

PN6401. V6414 2004   398.9   C2004-941397-X

NOVALIS

Introduction

Combien de proverbes avez-vous employés aujourd'hui? J'imagine que si je posais la question à des lecteurs de culture occidentale en Amérique du Nord et en Europe, la plupart me répondraient: aucun. Et si j'insistais et que je leur demandais à quel moment ils ont employé un proverbe pour la dernière fois, plusieurs admettraient sans doute ne pas s'en souvenir. Vous pensez peut-être ne jamais employer de proverbes, ou alors très rarement. C'est sûrement le cas des gens qui vivent dans les grandes villes cosmopolites. Peut-être trouverait-on en milieu rural des personnes qui utilisent un proverbe de temps à autre, encore que la chose devienne de plus en plus rare.

Les proverbes ne sont plus monnaie courante dans notre culture. Une enseignante de première année a choisi quelques vieux proverbes bien connus dont elle présente le début à ses élèves en leur demandant de les compléter. Ce qu'ils lui remettent ne correspond pas exactement à l'adage traditionnel, mais leurs… suggestions ne manquent pas d'à-propos[1].

---

1 Voici le corrigé de ces proverbes courants au Canada anglais.

Comme on fait son lit, on se couche.
Il fait toujours plus sombre avant l'aube.
Pas de nouvelles, bonnes nouvelles.
On n'apprend pas à un vieux singe à faire des grimaces.
Qui hante chien, puces remporte.
Il n'y a pas de fumée sans feu.
Un sou épargné, c'est un sou de gagné (il n'y a pas de petites économies).
Les enfants, on veut les voir, pas les entendre.
Si tu ne réussis pas du premier coup, essaie encore.

Comme on fait son lit… on le défait.

Il fait toujours plus sombre avant… de passer
    à l'heure avancée.

Pas de nouvelles… c'est impossible.

On n'apprend pas à un vieux singe…
    les mathématiques.

Qui hante chien… empeste.

Il n'y a pas de fumée sans… pollution.

Un sou épargné, c'est… pas grand-chose.

Les enfants, on veut les voir, pas les… punir.

Si tu ne réussis pas du premier coup… prends des
    piles neuves.

Il y a plusieurs années que je donne à l'université un cours sur les livres sapientiels de la Bible. La classe réunit généralement un groupe multiculturel et, quand arrive le livre des Proverbes, j'invite mes étudiants à noter dix proverbes traditionnels dans leur culture. Leurs réactions ne sont jamais banales. «Où voulez-vous que je trouve dix proverbes?» de protester une étudiante : le chiffre lui paraissait démesuré. Plusieurs jeunes ont spontanément la même réaction. Mais une fois qu'ils ont trouvé un ou deux exemples, ils se laissent facilement prendre au jeu. Après avoir réuni ses dix proverbes, une étudiante d'origine irlandaise a continué sa cueillette. À la fin de l'année, elle était fière de m'en remettre une liste de 138, qui se terminait par *Enough is enough* (trop, c'est trop). Une autre étudiante a réuni une série de proverbes qu'elle qualifiait de canado-irlandais, accompagnés de dessins pour les illustrer. Pour compléter ses recherches, un étudiant américain d'ascendance italienne a tenu à appeler ses parents, plus proches de leurs racines européennes. Ceux-ci se sont passionnés à leur tour pour le projet.

En Flandre, un ami à moi collectionnait les proverbes et, comme mon étudiante, s'est mis à les illustrer. Puis il a tiré des diapos de ses dessins. Voilà que ses proverbes parlent autant à l'œil qu'à l'oreille. Sa collection lui sert maintenant à donner des conférences sur la culture flamande et on l'invite constamment à présenter sa communication dans les petites villes, les villages et les paroisses.

Un musée d'Anvers compte parmi ses trésors un chef-d'œuvre du maître flamand Pieter Breugel. En 1559, alors qu'il résidait à Anvers, Breugel peignit un tableau intitulé *Le manteau bleu*. Le personnage central en est une femme adultère qui cache ses infidélités à son mari en l'enveloppant d'un manteau bleu. Dans le pays flamand, au seizième siècle, le bleu symbolisait le mensonge ou la duperie. La scène illustre un proverbe du terroir : «Elle enveloppe son mari d'un manteau bleu», c'est-à-dire qu'elle le trompe. La toile comporte plusieurs scènes secondaires inspirées de la vie dans les Flandres et dont chacune illustre un dicton ou un proverbe différent; on en compte en tout près d'une centaine. Au musée, on voit les visiteurs essayer de retrouver les proverbes que représente la toile; c'est à qui saura en reconnaître le plus grand nombre. Des proverbes que les gens n'ont plus employés depuis des années remontent à la surface. Les rires fusent: tout le monde y prend beaucoup de plaisir. L'auteur allemand Sebastian Franck, contemporain de Breugel, disait: «Aux yeux de Dieu nous sommes tous ridicules, tels les animaux d'une fable ou les masques d'un carnaval.» C'est sûrement le cas des personnages de notre tableau[2]. Même si en Occident nous n'utilisons plus souvent de proverbes,

---

2   On peut facilement retrouver ce tableau bien connu dans des livres d'art. Voir, par exemple, T. FOOTE, *The World of Bruegel c. 1525-1569*, New York, Time-Life Books, 1975, p. 150-159, où l'on a reproduit l'œuvre en identifiant 78 dictons et proverbes.

quelque part au fond de nous, nous les «connaissons». Quand ils refont surface, ils piquent notre curiosité et nous procurent même une certaine joie.

Alors que nous n'employons plus guère de proverbes, il y a des cultures où ils font partie de la vie et de la conversation quotidiennes. Firmin Rodegem, missionnaire belge qui a travaillé pendant plusieurs années au Burundi et qui est devenu une sommité dans l'étude des proverbes, a recueilli plus de 4500 proverbes burundais, à comparer aux 2382 qu'il a pu retracer dans sa propre tradition wallonne[3]. En Afrique, les proverbes deviennent même presque un jeu: quelqu'un en formule un, on lui répond par un autre, et l'échange se poursuit jusqu'à ce que l'un des interlocuteurs se trouve à court. On imagine pas un Africain se demander, comme mon étudiante, s'il pourra arriver à retrouver une dizaine de proverbes!

Même si les proverbes proviennent de cultures différentes, ils n'en présentent pas moins entre eux des ressemblances remarquables. Quand mes étudiants dressent leur liste de dix proverbes, ils sont généralement assez fiers d'avoir découvert ou redécouvert quelque chose de leur propre culture. Une de mes étudiantes m'a présenté ce qu'elle considérait comme un proverbe irlandais «typique»:

> *Mieux vaut un oiseau dans la main*
> *que deux dans le buisson.*

Mais j'aurais pu lui objecter qu'il s'agit là d'un proverbe flamand typique. Dans ma culture, on dirait:

> *Mieux vaut un oiseau dans la main*
> *que dix en l'air.*

La similitude pourrait inciter des gens qui ont fait un peu d'exégèse à appliquer la méthode historico-critique pour

---

[3] On trouvera dans la bibliographie la liste des ouvrages de Firmin Rodegem.

essayer de découvrir qui dépend de qui. Les Irlandais ont-ils été les premiers, les Flamands leur ayant emprunté leur proverbe, ou est-ce que ce fut l'inverse? Mais est-il vraiment nécessaire, possible ou utile de répondre à cette question? Plus on lit de proverbes de différentes cultures, plus on trouve de ressemblances. Un proverbe français, par exemple, dit la même chose que les deux précédents:

Un «tiens» vaut mieux que deux «tu l'auras».

Il est vrai que les groupes ethniques sont différents les uns des autres et que chacun a sa propre culture. Néanmoins, nous sommes tous aussi très semblables, car nous sommes tous des êtres humains. L'auteur du récit biblique de la création (*Genèse* 1,1—2,4a) le savait bien. Quand il parle de la création des plantes et des arbres, il utilise à trois reprises l'expression «selon leur espèce» (v. 11-12). Il reprend la même expression une fois pour les poissons et une fois pour les oiseaux (v. 21, deux fois) et pour les autres créatures vivantes (v. 24-25, cinq fois). Quand il présente ensuite la création de l'humanité, cependant, il ne parle pas de différentes espèces d'êtres humains: Dieu crée «l'homme», le genre humain (v. 26-27). Les gens de races, de couleurs, de langues, de cultures, de religions différentes (*Genèse* 10,5.20.31) font tous partie de la même espèce, l'humanité. On ne s'étonnera donc pas de trouver des proverbes semblables dans des régions très éloignées les unes des autres, au sein de cultures qui n'ont jamais eu de contacts entre elles.

La Bible contient, elle aussi, beaucoup de proverbes; elle compte même un livre qui en est presque exclusivement composé. Évidemment, ce n'est pas le livre que lisent le plus souvent ceux ou celles qui n'emploient même pas les proverbes de leur propre langue. Mais ceux et celles qui le lisent sont souvent surpris, et séduits, par la perspective que leur proposent ces proverbes. J'espère ici faire découvrir au lecteur et à la lectrice modernes, quelle que soit leur culture d'origine, la richesse des proverbes bibliques.

Le présent ouvrage comprend deux parties. La première est plus théorique: comme les proverbes se rattachent à la littérature sapientielle de la Bible, nous aborderons d'abord la notion de sagesse dans la Bible avant de nous arrêter à ce que sont les proverbes. La deuxième partie présentera ensuite les proverbes eux-mêmes, mais sans se limiter aux seuls proverbes bibliques. En mettant côte à côte les proverbes de la Bible et ceux de plusieurs autres cultures, on saisit mieux le côté «humain» du livre des Proverbes. Il fait partie de la Bible, où juifs et chrétiens reconnaissent à la fois la Parole de Dieu et une parole entièrement humaine. Ceux et celles que n'intéresse pas la théorie peuvent passer directement à la seconde partie, qui forme un tout et qu'on peut lire et goûter indépendamment de la première.

Je vous souhaite, en lisant ces proverbes, de vous y reconnaître et de découvrir en même temps l'idéal d'humanité auquel ils nous convient.

Première partie

À la découverte des Proverbes

1. Qu'est-ce que la Sagesse?

Les adultes ont sur les enfants l'avantage de l'expérience. L'expérience de la vie nous aide à comprendre ce qui nous arrive et pourquoi les gens agissent comme ils le font. Nous pouvons prévoir les conséquences de nos actes. Mais il nous arrive aussi parfois d'être surpris: les choses ne se passent pas comme nous l'avions prévu. La littérature de sagesse en général et les livres sapientiaux de la Bible en particulier prennent l'expérience humaine très au sérieux[4].

Dans la première partie du premier chapitre, je voudrais montrer comment la sagesse — qu'on a appelée «la tradition intellectuelle» de la Bible — se fonde sur l'expérience humaine, sur le vécu. J'examinerai ensuite comment l'être humain cherche à donner à son existence un cadre qui y mette de l'ordre et y donne un sens, pour mieux affronter le chaos qui s'immisce dans sa vie.

La Sagesse comme théologie expériencielle

Outrés par la prédication du prophète Jérémie, certains ont résolu de se débarrasser de lui: «Ils disent: "Allons mettre au point nos projets contre Jérémie; on trouvera toujours des directives divines chez les prêtres, des conseils chez les sages, la parole chez les prophètes"» (*Jérémie* 18,18). Le texte indique clairement qu'il y avait trois sortes de leaders spirituels en

---

4   Voir W. Vogels, «Biblical Wisdom: A Trust in Human Experience», *Insight* 2 (1988), p. 15-23; ID., «God gelooft in de mens: Bijbelse wijsheid», *Sacerdos* 55 (1988), p. 467-482.

Israël: le *prêtre*, qui était responsable de la *Torah*, la loi ou l'instruction; le *prophète*, qui proclamait la Parole de Dieu; et le sage, qui donnait des conseils.

Trois fonctions différentes, mais chacune avait son importance. Le conseil du sage était aussi précieux que l'oracle du prophète: «Les conseils que donnait Ahitofel en ce temps-là avaient valeur d'oracle. Il en était ainsi de tous les conseils d'Ahitofel, aussi bien pour David que pour Absalom» (2 *Samuel* 16,23).

De fait, cette façon de diviser les leaders spirituels correspond exactement aux trois sections de la Bible hébraïque: la Torah (la Loi, le Pentateuque, les cinq premiers livres de la Bible hébraïque), les Prophètes et les Livres sapientiaux: Proverbes, Job, Qohélet (L'Ecclésiaste), le Siracide (L'Ecclésiastique) et le Livre de la Sagesse.

Chaque année paraissent nombre d'études sur la Bible; la plupart portent sur les deux premières parties: la Loi et les Prophètes. Pour expliquer cet intérêt particulier, songeons que dans ces textes, c'est Dieu qui est au centre. Il s'agit tout de même de la Bible hébraïque, qui est un livre sur Dieu. Ce Dieu est, avant tout, Yahvé[5], le Dieu d'Israël, qui intervient avec puissance dans l'histoire de son peuple, pour sauver ou pour détruire. Asservi, Israël fait monter sa prière vers Yahvé, qui s'engage à le sauver. «Et j'ai entendu la plainte des fils d'Israël, asservis par les Égyptiens… Avec puissance et autorité [à main forte et à bras étendu], je vous délivrerai» (*Exode* 6,5-6). Quand Akhaz, roi de Juda, est frappé de frayeur parce que les armées d'Israël et d'Aram ont envahi le pays et montent sur Jérusalem, le prophète Isaïe affirme à Akhaz que tout va bien se terminer. Le roi n'a pas à se faire de souci: il n'a qu'à

---

[5]   YHWH est le nom hébraïque pour Dieu qui a été révélé à Moïse. Voir *Exode* 3,13-15; 6, 2-3.

mettre sa confiance en Yahvé qui ne manquera pas de le sauver. «Mais si vous ne croyez pas, vous ne subsisterez pas» (*Isaïe* 7,9).

Longtemps, le troisième groupe de livres, la littérature sapientielle, a moins retenu l'attention des chercheurs que la Loi et les Prophètes. On l'a qualifié de «volet négligé de la foi biblique». On observe un manque d'intérêt analogue dans la liturgie de l'Église: il est rare que nous lisions à la messe des extraits de ces livres.

La chose peut s'expliquer du fait que la littérature sapientielle est assez spéciale. Ce n'est plus Dieu mais bien l'être humain qui y tient la place centrale. On n'y trouve plus d'allusion à la puissance de l'intervention de Dieu et à son alliance avec Israël. Dans la littérature sapientielle, ce n'est plus Dieu qui agit sur l'histoire: ce sont les gens. Et quand Dieu apparaît, il ne s'agit plus de Yahvé et de ses liens avec Israël, mais du Dieu créateur en rapport avec toute l'humanité. Il n'est donc pas étonnant que ces livres présentent autant de points communs avec la littérature sapientielle des autres cultures. Après avoir créé l'Univers et les autres êtres vivants, le dernier jour, pour compléter son œuvre, Dieu a créé l'humanité et lui a confié le monde. «Dieu créa le genre humain à son image... Dieu les bénit et Dieu leur dit: "Soyez féconds et prolifiques, remplissez la terre et dominez-la. Soumettez les poissons de la mer, les oiseaux du ciel et toute bête qui remue sur la terre"» (*Genèse* 1, 27-28). L'humanité est maintenant responsable du monde (*Genèse* 2,15; *Psaume* 8). On fait confiance aux êtres humains; on leur remet la responsabilité. Dieu peut se retirer. «Dieu s'arrêta / se reposa, le septième jour, après toute l'œuvre qu'il avait faite» (*Genèse* 2,2).

Les textes des deux premiers groupes de livres — la Loi et les Prophètes — présentent une *théologie de l'histoire du salut*. La littérature sapientielle ne relève pas de ce type de théologie;

elle formule une théologie qui est toujours une théologie biblique mais que nous pourrions qualifier de *théologie de la création*. Une large part du message des onze premiers chapitres de la Genèse correspond à ce qu'on trouve dans les livres sapientiaux. La théologie du salut dira: «C'est en Dieu que nous plaçons notre confiance.» La théologie de la création renverse l'énoncé: «Dieu se fie à l'être humain…» C'est Dieu qui nous fait confiance.

La façon d'encadrer l'agir humain diffère grandement d'un type de théologie à l'autre. Dans l'histoire du salut, Dieu dit à l'être humain quoi faire et comment se comporter, puisque c'est lui, Dieu, qui est aux commandes. La Torah est une révélation de Yahvé à Israël. La conscience personnelle sait qu'il ne faut pas tuer, qu'il est mal de voler ou de commettre l'adultère. Ce sont là quelques-uns des principes fondamentaux qu'on trouve dans les dix commandements, et il n'est pas nécessaire d'avoir reçu une révélation particulière pour en saisir la légitimité. Mais quand la Bible présente ces dix commandements, elle les appelle «les dix paroles» et elle y voit une révélation de Yahvé à Israël: «Et Dieu prononça toutes ces paroles: "C'est moi Yahvé ton Dieu, qui t'ai fait sortir du pays d'Égypte, de la maison de servitude. Tu feras […] Tu ne feras pas […]"» (*Exode* 20,1-7). La Loi est la volonté de Dieu.

De la même façon, Dieu envoie ses prophètes proclamer sa parole à Israël. C'est pourquoi ils commencent par déclarer: «Ainsi parle Yahvé»; et ils terminent leurs discours par ces mots: «Oracle de Yahvé». Le «je» dans les textes prophétiques renvoie généralement à Dieu, c'est lui qui parle. (Voir, par exemple, *Isaïe* 42,6-9.)

Un jour, les gens vont trouver le prophète Michée pour lui demander: «Avec quelle offrande dois-je me présenter devant le Seigneur? […] Vais-je me présenter devant lui avec des holocaustes? […] Faut-il donner mon premier-né? […]»

(*Michée* 6,6-7). Le prophète va-t-il leur répondre: «Qu'est-ce que vous en dites?... Que vous suggère votre conscience?» Pas du tout. Il leur rappelle que d'autres prophètes avant lui leur ont déjà expliqué ce que Dieu attend d'eux: «On t'a fait connaître ce qui est bien, voilà ce que Yahvé exige de toi» (*Michée* 6,8).

Avec semblable théologie, les gens ne peuvent pas se tromper. Ils savent exactement ce que Dieu veut qu'ils fassent; ils vivent en sécurité. La volonté de Dieu étant indiscutable, les gens n'ont que deux choix: ou bien ils l'acceptent dans l'obéissance ou bien ils la rejettent et commettent le péché.

Mais dans la théologie de la création, celle de la littérature sapientielle, Dieu a placé l'humanité aux commandes. Les individus doivent faire appel à leur intelligence et réfléchir sur leur expérience pour décider par eux-mêmes de ce qu'il faut faire. Le sage le répète constamment: «Je l'ai bien vu» (*Job* 4,8; 5,3; 13,1; *Proverbes* 26,12; *Qohélet* 1,14; 2,1.3; 3,16; 4,1.15; 5,7.12; *Siracide* 34,11). Ce qu'on voit oblige à réfléchir. «J'ai vu [...] je me suis dit [...]» (*Qohélet* 1,14.16). Le «je» dans la Sagesse renvoie à l'être humain et non à Dieu. *Voir-juger-agir*, telle est l'attitude du sage. Si Dieu dit aux gens quoi faire, ils vivent dans la sécurité; par contre, s'il leur faut trouver tout seuls ce qu'il faut faire, ils devront prendre des risques. Dieu sait que l'être humain peut se tromper, qu'il lui arrive de prendre de mauvaises décisions, qu'il est limité; mais c'est justement par là que Dieu montre qu'il fait confiance à la personne.

C'est ce qu'illustre admirablement le récit du déluge. Dieu envoie le déluge parce que la méchanceté des gens qu'il vient de créer est devenue insupportable (*Genèse* 6,5). Mais voici qu'après le déluge se produit quelque chose d'étonnant. Dieu décide de ne plus jamais envoyer de déluge, et pour la même raison qui l'avait d'abord poussé à provoquer le cataclysme:

«Je ne maudirai plus jamais le sol à cause de l'humanité. Certes, le cœur humain est porté au mal dès sa jeunesse, mais jamais plus je ne frapperai tous les vivants comme je l'ai fait» (*Genèse* 8,21). Dieu avait nourri de grands espoirs pour l'humanité qu'il venait de créer; peut-être étaient-ils démesurés. Les gens ne sont pas parfaits. Ainsi arrive-t-il aux parents d'espérer que leurs enfants seront les meilleurs, les plus ceci ou cela, mais, un jour ou l'autre, il leur faut admettre que leurs enfants sont limités. Dieu voit clair maintenant. Il accepte les risques qu'il a pris avec l'humanité. Dieu fait confiance aux personnes parce qu'il a doté l'être humain d'un esprit pour penser (*Genèse* 2,19). Les gens peuvent prendre de mauvaises décisions — ce qui est regrettable sans doute — mais ce n'est pas la fin du monde. Ce ne sont pas seulement nos bons coups qui nous font grandir, mais aussi nos erreurs… et ça va parfois plus vite.

Certaines personnes ramassent ce que l'expérience leur a fait comprendre de la vie dans des formules frappantes et faciles à retenir, les *Proverbes*. Le proverbe est la formulation mémorisable d'une expérience où les autres reconnaissent le reflet de leur propre vécu. Un autre genre littéraire qu'on trouve dans le livre des *Proverbes*, qu'on appelle «instruction» et qui est différent des *Proverbes proprement dits*, naît du désir des parents et des enseignants de partager la sagesse de leur expérience avec leurs enfants ou leurs élèves. Ces conseils s'accompagnent de l'énoncé d'une raison et d'un objectif qui visent à convaincre l'auditeur: «Prête l'oreille à mes discours et applique ton cœur afin de les connaître [conseil]; car il y aura plaisir à les garder au-dedans de toi, à les avoir tous assurés sur tes lèvres [formulation d'un motif]; c'est pour qu'en Yahvé soit ta confiance que je veux te faire connaître aujourd'hui ta voie [formulation d'un but ou d'un objectif]» (*Proverbes* 22, 17-19). Les sages personnes qui dispensent ces instructions n'invoquent aucune autorité extérieure, mais s'appuient uniquement sur ce qu'elles ont appris personnellement: «Je te parle de ma propre expérience» (*Job* 15,17).

Ceux qui entendent un proverbe ou une instruction ne sont pas obligés d'obéir mais on les invite à écouter, à réfléchir, à comparer cette vérité à leur propre expérience et ainsi à accroître leur propre sagesse. Essaye donc ça! Le conseil s'adresse souvent à des jeunes, mais il n'y a pas de limite d'âge: quiconque fait preuve d'ouverture d'esprit peut en bénéficier toute sa vie durant. Les premiers versets du livre des Proverbes le disent clairement: les Proverbes sont là «pour connaître [...], pour comprendre [...], pour procurer au jeune homme le savoir et la prudence [...]. Que le sage écoute et il augmentera son acquis» (*Proverbes* 1,1-5). Le sage donne un conseil, non pas un ordre, et son auditeur n'est pas tenu d'obéir. Non, il va plutôt *voir-juger-agir*. Celui ou celle qui refuse d'écouter le conseil du sage n'est pas un pécheur ou une pécheresse, mais fait preuve de légèreté, de stupidité: «Le fou méprise la sagesse et la discipline» (*Proverbes* 1,7). La sagesse de l'expérience ne se fonde pas seulement sur ce qu'on voit mais aussi sur ce qu'on entend: «Tout cela, je l'ai vu de mes yeux, entendu de mes oreilles, et compris» (*Job* 13,1; *Proverbes* 1,8; 4,1).

La théologie de l'histoire du salut parle de Dieu en qui nous avons confiance et qui nous dit comment vivre. Cette approche est un gage de sécurité mais elle exige obéissance. La personne qui désobéit est un pécheur. C'est une théologie «à partir d'en haut».

La théologie de la création parle d'un Dieu qui fait le pari que l'être humain peut découvrir comment vivre, en partant de sa propre expérience et en se mettant à l'écoute de la sagesse des autres. Cette approche comporte une part de risque. Elle ne joue pas sur l'obéissance mais sur le discernement. Qui rejette le conseil est insensé. C'est une théologie «à partir d'en bas».

Le désir de vivre à plein

Partout à travers le monde, quelle que soit leur culture ou leur religion, les gens partagent un même rêve fondamental, celui de mener *une vie qui les comble*. Le récit du paradis illustre bien la chose (*Genèse* 2,4b–3,24). Ce texte utilise le symbole du paradis pour dire que Dieu voulait le bonheur de l'humanité. Au milieu du paradis se dresse l'arbre de vie (*Genèse* 2,8-9), symbole de la vie. Vivre à plein, ce qui est bien plus que se contenter de survivre, est sûrement le désir le plus profond de l'humanité. La Sagesse, fruit de l'expérience humaine, veut nous guider, nous aider à faire le plein de vie. «C'est un arbre de vie pour qui la saisit, celui qui la tient devient heureux» (*Proverbes* 3,18). La Sagesse est «source de vie» (*Proverbes* 10,11) et «sentier de vie» (*Proverbes* 10,17).

La vie pleinement vécue dépend de certaines conditions que recherchent les gens partout à travers le monde. Ils ont besoin d'aimer et d'être aimés. Ils ont besoin, non seulement de la présence physique d'autres personnes, mais de vivre en harmonie avec elles. Ils ont besoin du soutien de leurs amis et de leurs parents, de l'amour de leur conjoint, de leurs enfants et de leurs frères et sœurs. Les gens s'efforcent de gagner l'estime de ceux et celles avec qui ils vivent. Les biens matériels ont aussi leur importance. On veut plus que le strict nécessaire; un peu de luxe est toujours bienvenu. «Pauvreté n'est pas vice», sans doute, et «contentement passe richesse» mais «abondance de bien ne nuit pas»: on préfère la richesse à la pauvreté. Et, bien sûr, tout le monde sait l'importance d'une bonne santé: sans elle, nous n'arriverons pas à apprécier pleinement tout le reste. S'il est vrai qu'il y a des malades qui goûtent un certain bonheur, ils n'auraient sûrement aucune objection à recouvrer la santé. Même chose pour les pauvres: ils peuvent être heureux, mais ils ne lèveraient pas le nez sur «un peu plus».

Il y a trois choses que, tous et toutes, nous désirons: la santé, l'amour et la richesse. La littérature sapientielle a sur chacune de courts proverbes et de longs développements. On trouve tout un poème, par exemple, sur l'épouse idéale (*Proverbes* 31,10-31) et un autre sur l'importance de la santé (*Siracide* 38,1-15). Le livre de Job décrit la vie heureuse de Job avant sa maladie puis son retour au bonheur au terme des épreuves qui l'ont frappé dans sa personne, dans son affectivité et dans ses biens (*Job* 1,1-5; 42,10-17). En fait, toute la Bible, y compris le ministère de Jésus dans les évangiles, enseigne que nous avons été créés pour vivre à plein.

C'est bien beau d'aspirer à cette existence gratifiante, mais comment l'atteindre? L'expérience nous l'apprend, tous ces avantages ne tombent pas du ciel sans même que nous ayons à lever le petit doigt; ils exigent un peu d'effort. Qui veut un résultat doit y mettre le prix. Il semble donc exister un lien fondamental de *cause* à *effet* entre l'action et ses suites. En observant ce lien et en remarquant pourquoi les choses arrivent comme elles arrivent, les gens finissent par conclure qu'il doit y avoir un *ordre* des affaires humaines, qui ferait partie d'un *ordre* cosmique assurant la suite du monde. Cet ordre, nous pouvons le retrouver dans la nature inanimée et la vie des animaux, d'une part, et dans l'existence humaine, d'autre part. La littérature sapientielle fait donc ressortir les ressemblances entre le comportement humain et le monde de la nature, en particulier le monde animal.

Ce que nous observons dans la nature semble aussi se produire dans la vie humaine. C'est ce qu'expriment des proverbes comme:

Le fer s'aiguise par le fer;
l'homme s'affine au contact de son prochain.

(*Proverbes* 27,17)

Qohélet (l'Ecclésiaste) exploite les comparaisons avec la nature dans son long exposé sur la circularité et la futilité de la vie. Il remarque que certaines personnes se croient importantes, indispensables. Il leur dit: «Un âge va, un âge vient, et la terre tient toujours. Le soleil se lève, et le soleil s'en va; il se hâte vers son lieu, et là il se lève. Le vent part au midi, et tourne au nord; il tourne et il tourne; et le vent reprend son parcours. Tous les fleuves marchent vers la mer, et la mer ne se remplit pas; et les fleuves continuent à marcher vers leur terme» (*Qohélet* 1,4-7). Il n'y a personne, si important soit-il, dont la mort entraîne la fin du monde. Les cimetières sont pleins de personnalités indispensables!

Les animaux aussi sont une source d'enseignement pour l'agir humain:

Va voir la fourmi, paresseux!
Observe ses mœurs et deviens sage:
elle qui n'a ni magistrat,
ni surveillant ni chef,
durant l'été elle assure sa provende
et amasse, au temps de la moisson, sa nourriture.
Jusques à quand, paresseux, resteras-tu couché?
Quand te lèveras-tu de ton sommeil?

(*Proverbes* 6,6-9)

Et l'observation des êtres humains semble, elle aussi, nous révéler des lois innées:

Qui creuse une fosse y tombe,
qui roule une roche, elle revient sur lui.

(*Proverbes* 26,27)

Ainsi sommes-nous amenés à constater que certaines causes entraînent certains effets. Ce que nous disons aux autres, par exemple, n'est pas sans conséquence; mieux vaut contrôler sa langue:

> Mort et vie sont au pouvoir de la langue!
> Ceux qui la chérissent mangeront de son fruit.

(Proverbes 18,21)

De même, nous voyons que l'orgueil engendre des complications:

> Que se dresse l'insolence, et la honte viendra;
> chez les humbles se trouve la sagesse.

(Proverbes 11,2)

Aucun domaine de la vie humaine n'échappe au regard de la sagesse.

De même que nous apprenons qu'une cause donnée entraîne un effet donné, nous voyons cet effet devenir à son tour la cause d'un autre effet, et ainsi de suite. Par exemple, il faut travailler pour arriver à une certaine prospérité.

> Main nonchalante appauvrit,
> main diligente enrichit.

(Proverbes 10,4)

La richesse (*l'effet*) exige le travail (*la cause*), mais la richesse acquise entraîne, à son tour, des conséquences. Quand on est riche, on a des amis:

> La richesse multiplie les amis,
> mais de son ami le pauvre est privé.

(Proverbes 19,4)

Le fait d'avoir des amis, par ailleurs, vous permettra de trouver le bon médecin, celui qui ne sera pas tout à coup trop occupé pour vous voir le jour même, alors que d'autres patients devront peut-être l'attendre pendant des semaines. Votre richesse vous permettra aussi de vous payer le traitement. Vous voilà en meilleure position pour prendre soin de votre santé. Nous avons là quelque chose comme une réaction en chaîne: travail - richesse -amis - santé. La vie apparaît comme une trame ordonnée de causes et d'effets. Les gens peuvent ainsi discerner ce qu'il leur faut choisir afin d'arriver à la profusion de vie qu'ils désirent.

Les croyants sont convaincus que cet ordre global a été établi par Dieu. Dieu, en effet, a créé un monde où chaque chose a sa place. Chaque fois que Dieu a créé quelque chose, il l'a jaugée et, nous dit la Genèse, «Dieu vit que cela était bon» (*Genèse* 1,4.10.12.18.21.25). Quand tout fut terminé, conclut le texte, «Dieu vit tout ce qu'il avait fait: cela était très bon» (*Genèse* 1,31). On peut ainsi qualifier de «loi de Dieu» ce qui se manifeste comme une séquence intrinsèque de causes et d'effets. C'est pourquoi la crainte de Dieu est «le commencement de la sagesse» (*Proverbes* 1,7) et «la crainte du Seigneur, voilà la sagesse» (*Job* 28,28). La «crainte de Dieu», autrement dit, la connaissance de Dieu consiste à reconnaître en Dieu le Créateur et donc le maître de l'ordre cosmique. Les gens sont appelés à découvrir par expérience comment vivre conformément à cet ordre cosmique, de manière à le préserver et à le promouvoir. Faute de cette sagesse, l'agir humain provoque le chaos.

La vie est cependant plus complexe qu'elle ne semble à première vue. Le travail est sans doute nécessaire, mais nous avons tous connu des gens qui ne font que travailler pour s'enrichir de plus en plus. Devenus riches, ces gens occupés qui n'étaient jamais à la maison pour leur conjointe et leurs enfants voient leur famille se briser. Le surmenage peut même provoquer chez eux une crise cardiaque.

Les insomnies que cause la richesse sont épuisantes,
les soucis qu'elle apporte ôtent le sommeil.
Les soucis de la journée empêchent de dormir,
une grave maladie éloigne le sommeil.

(*Siracide* 31,1-2)

Toutes ces bonnes choses dont les gens pensent qu'elles donnent consistance à la vie n'ont qu'une importance *relative*, et non *absolue*. Chaque fois que nous donnons à quelque chose une valeur absolue, nous nous mettons dans le pétrin. Il nous faut peser les suites de diverses lignes de conduite et maintenir un équilibre entre elles. Cette intuition est à l'origine de proverbes dont nous retrouvons la formule dans toutes les cultures: «Mieux vaut [...] que [...]»

Mieux vaut une bouchée de pain sec et la paix
qu'une maison pleine de sacrifices et de discorde.

(*Proverbes* 17,1)

Si paradoxal que la chose puisse paraître, nous sommes même invités à préférer la pauvreté à la richesse si celle-ci doit nuire à l'harmonie de nos relations.

L'expérience nous enseigne à prendre nos décisions en fonction des personnes et des circonstances de temps et de lieu. La nature elle-même suit son propre échéancier: «La gerbe de blé s'offre à la moisson en son temps» (*Job* 5,26). Les animaux aussi obéissent au cours des saisons: «Même la cigogne, dans le ciel, connaît sa saison; la tourterelle, l'hirondelle et la grue observent le temps de leur migration» (*Jérémie* 8,7). Les êtres humains, pour leur part, savent bien qu'il y a un temps pour chaque chose: «Il y a le moment pour tout, et un temps pour tout faire sous le ciel: un temps pour enfanter, et un temps pour mourir; un temps pour planter...» (*Qohélet* 3,1-8). Mais ce qui vaut dans un cas particulier ne vaut pas nécessairement dans tous les cas. C'est pourquoi certains proverbes en contredisent d'autres. Ainsi lisons-nous:

> *Ne réponds pas à l'insensé selon sa folie,*
> *de peur de lui devenir semblable, toi aussi.*

(Proverbes 26,4)

Voilà qui est sûrement vrai, mais on peut aussi voir les choses sous un autre angle:

> *Réponds à l'insensé selon sa folie,*
> *de peur qu'il ne se figure être sage.*

(Proverbes 26,5)

Il est remarquable que le texte juxtapose ces deux énoncés. Mais on trouve dans toutes les cultures des séries de proverbes contradictoires:

> *Loin des yeux, loin du cœur.*

Ce qui est bien vrai; par contre, il n'est pas moins vrai que:

> *L'absence augmente l'affection.*

Ou alors, pour reprendre les mots de La Rochefoucault, «l'absence diminue les médiocres passions et augmente les grandes». La vie est truffée d'ambiguïtés de ce genre.

Prôner un jugement équilibré, ce n'est pas justifier l'opportunisme, le relativisme ou le subjectivisme. C'est plutôt rechercher une réaction appropriée au sein de l'ordre cosmique. On ne peut pas faire tout ce qu'on veut et tout n'est pas acceptable. La sagesse exige que les nouvelles décisions soient prises en fonction d'un monde en constante évolution.

En partant de son expérience et en usant de discernement, on peut s'efforcer de vivre à plein dans un monde régi par l'ordre qu'a établi le Créateur. Quand cette approche optimiste de la vie a fonctionné pour l'un ou l'autre, ce privilégié a tendance à faire part de son expérience aux autres. C'est ce qu'on retrouve dans les «proverbes» et les «instructions». Un recueil d'expériences de ce type tend à constituer une sagesse plutôt conservatrice.

La lutte contre le chaos

Ainsi donc, la sagesse découvre qu'il y a un ordre dans le monde. Mais la sagesse a également conscience de l'ambiguïté de la vie. S'il semble, à première vue, que nous puissions contrôler la vie, l'expérience nous apprend que certains aspects nous échappent:

> À l'homme, les projets du cœur,
> mais de Yahvé vient la réponse.

(Proverbes 16,1)

Pour avoir tant de fois constaté que la paresse conduit à la pauvreté, les gens peuvent admettre le proverbe cité plus haut:

> Main nonchalante appauvrit,
> main diligente enrichit.

(Proverbes 10,4)

On pourrait même sauter carrément à la conclusion qu'un tel est pauvre *parce qu'*il est paresseux. À tel point que l'idée risque de devenir pour certains d'entre nous un slogan ou un lieu commun. Pourtant, il faut bien admettre, en réalité, qu'il y a des pauvres qui travaillent dur et des paresseux qui sont riches.

Plus on y regarde de près, plus les choses paraissent imprévisibles et plus elles dépassent l'entendement. Nous découvrons ainsi que nous sommes limités. En fait, au paradis il n'y avait pas seulement l'arbre de vie mais aussi l'arbre de la connaissance du bien et du mal, symbole du désir de tout savoir et de disposer d'un pouvoir sans limites. Dieu interdit l'accès de cet arbre à l'humanité car si elle disposait d'un savoir et d'un pouvoir universels, elle ne serait plus humaine (*Genèse* 2, 17). Personne ne peut mettre la main sur toute la sagesse (*Job* 28) ni arriver à tout comprendre:

> *Il est trois choses qui me dépassent,*
> *et quatre que je ne connais pas...*

(Proverbes 30,18-19)

Nous avons appris à nous méfier de ceux qui «savent tout»!

La notion biblique de création, c'est Dieu qui met de l'ordre dans le chaos (*Genèse* 1,1-2). Les pages qui précèdent ont examiné le caractère ordonné de la création, mais force nous est aussi d'admettre la part de chaos qui y subsiste. Une bonne personne tombe soudain malade, perd un enfant ou voit se briser son mariage. Et, spontanément, elle se pose la question: qu'ai-je fait pour mériter cela? La notion d'ordre se fonde sur le principe de causalité (cause-effet); les gens cherchent donc une cause à leur malheur. Si nous n'arrivons pas à trouver de cause ou de raison, nous sommes renvoyés au chaos. Ce qui nous laisse terrifiés, bouleversés, ahuris.

Voilà pourquoi il y a dans la littérature sapientielle un autre versant, un courant qui conteste les réponses optimistes conventionnelles qu'on trouve souvent dans les proverbes et les instructions. Ce genre de sagesse peut devenir très critique. On la retrouve dans quelques proverbes, mais elle s'exprime surtout à travers un autre genre d'écrits de sagesse tels, dans la Bible, les livres de Job et de Qohélet. On retrouve des textes de ce genre dans les différentes cultures car le chaos fait partie de l'expérience humaine universelle. Même le récit de la création le laisse entendre. Dieu a séparé la lumière de l'ordre et les ténèbres du chaos. Mais les ténèbres ne sont pas détruites et se tapissent pour reprendre le pouvoir. Chaque nuit, elles l'emportent sur la lumière mais cette victoire ne dure pas puisque au matin le jour reparaît (*Genèse* 1,3-5). Cette sagesse critique remonte donc, elle aussi, à la création mais elle met l'accent sur le chaos qui semble toujours hanter l'existence.

La question se pose alors de savoir si ce que nous voyons est véritablement le chaos ou s'il ne nous paraît tel qu'à cause des limites de notre entendement. Ce que nous prenons pour le chaos fait-il partie, en fait, d'un ordre qui nous échappe? Et, problème encore plus important, comment composer avec le chaos?

Le personnage de Job dans le livre du même nom est aux prises avec l'effondrement de l'ordre autour de lui. Le livre de Job explore en profondeur comment affronter une situation totalement opposée aux thèses optimistes d'une vie ordonnée et même grandir dans de telles conditions. Le texte commence par formuler ce qu'on tient généralement pour la loi de la vie: le principe de causalité. Le mode de vie de Job (*la cause*) explique son bonheur (*l'effet*) — (*Job* 1,1-5). Il ne faut pas longtemps toutefois pour que ce bel ordre tombe en pièces. Rien n'a changé dans la conduite de Job (*absence de cause*) mais voici que le malheur fond sur lui. Il perd tout ce qui fait le bonheur humain — ses biens, ses enfants et sa santé. C'en est fait de la vie épanouie (*Job* 1,13-19; 2,7-8).

Qohélet fait un pas de plus. Il affronte la suppression de l'ordre qu'entraîne la mort. La mort nous dérange tous car elle heurte de plein fouet nos rêves de vie à profusion. Elle arrête tout. Tout ce à quoi les gens attachaient un prix n'a plus aucune importance: que vous ayez été pauvre ou riche, aimé ou détesté, tout disparaît. La mort nous oblige à nous débattre encore une fois avec le principe de causalité. Si tous les bons «effets» sont voués à disparaître tôt ou tard, les «causes» se trouvent remises en question. À quoi bon s'esquinter pour un rendement aussi éphémère? «Vanité des vanités, semble-t-il en effet, tout est vanité» (*Qohélet* 1,2).

Comme la présente étude porte sur les proverbes, nous n'allons pas traiter en détail de ces deux livres ni exposer les solutions qu'ils proposent au problème du chaos[6]. Qu'il suffise de dire que Job et Qohélet ne se sont pas contentés des réponses traditionnelles. Parce qu'ils voulaient être fidèles à leur propre expérience, ils ont procédé à une relecture de la sagesse traditionnelle. Le rédacteur du livre de Qohélet résume bien la chose: «Sans compter que Qohélet fut un sage, il a encore enseigné au peuple le savoir; il a pesé, examiné et *ajusté* beaucoup de proverbes» (*Qohélet* 12,9).

Comme je l'ai dit, la littérature sapientielle parle de la confiance de Dieu, qui compte que les gens apprendront à vivre par expérience et que le bon sens leur apprendra leur devoir. Les sages pèsent les complexités de la vie; ils apprennent à se connaître et à entrer en rapport avec les autres et avec Dieu. Du point de vue de la théologie de l'histoire du salut, tout cela peut sembler «séculier» et «profane» parce que tout est axé sur l'être humain. La sagesse, pourtant, est profondément religieuse, car elle se fonde sur une foi radicale au Dieu créateur, qui a ordonné le monde. À mesure que

---

[6]   J'ai déjà eu l'occasion d'écrire sur ces deux livres. Sur Job, voir W. VOGELS, «Job a parlé correctement. Une approche structurale du livre de Job», *Nouvelle revue théologique* 102 (1980), p. 835-852; «The Spiritual Growth of Job. A Psychological Approach to the Book of Job», *Biblical Theology Bulletin* 11 (1981), p. 77-80; «The Inner Development of Job: One More Look at Psychology and the Book of Job», *Science et Esprit* 35 (1983), p. 227-230; ainsi que mon commentaire complet du livre de Job en néerlandais: *Job*, Boxtel: Katholieke Bijbelstichting, Brugge, Tabor, coll. «Belichting van het Bijbelboek», 1989, et en français: *Job. L'homme qui a bien parlé de Dieu*, Paris, Cerf, coll. «Lire la Bible» 104, 1995. Sur Qohélet, voir W. VOGELS, «Performance vaine et performance saine chez Qohélet», *Nouvelle revue théologique*, 113 (1991), p. 363-385.

l'humanité grandit et perfectionne son coup d'œil, la frontière entre l'ordre et le chaos ne cesse de reculer. Pourtant, comme croyants nous savons qu'en ce monde — ou, comme dirait Qohélet, «sous le soleil» — nous ne pourrons jamais arriver à l'entendement ultime, infini. Cette connaissance parfaite n'adviendra que plus tard.

Tout cela a des conséquences pour les chrétiennes et les chrétiens d'aujourd'hui. Nous avons évoqué les trois types de leaders spirituels en Israël, qui correspondent aux trois sections de la Bible hébraïque: les prêtres, les prophètes et les sages. Nous pouvons établir un parallèle entre ces trois types d'enseignants et trois approches de la religion qu'on observe aujourd'hui chez le peuple de Dieu. Il y a ceux qui recherchent «la loi et l'ordre», il y a les «charismatiques» et, enfin, il y a des chrétiens plus «séculiers». La façon dont ces trois groupes pensent et vivent leur religion correspond à ce que nous trouvons déjà dans la Bible. Et de même, les conflits que nous observons dans la Bible entre les prophètes et les sages se produisent au sein du christianisme contemporain.

Les trois sections de la Bible hébraïque sont clairement délimitées, mais la recherche moderne a aussi relevé une interaction entre elles. La littérature sapientielle a influencé la Torah et les écrits prophétiques, tout comme elle a été influencée par eux. Si la Bible a besoin de ces trois genres de littérature, on comprend que les organismes chrétiens aient aussi besoin des trois orientations religieuses auxquelles ils correspondent. Le mouvement œcuménique travaille depuis plusieurs décennies à améliorer les relations entre les différentes traditions chrétiennes, mais peut-être avons-nous besoin d'un nouveau genre d'œcuménisme pour cultiver le respect et la compréhension entre ces trois groupes de croyants au sein de la communauté chrétienne. Chacun de nous pourra ou voudra s'identifier davantage à l'un de ces trois courants à l'intérieur de la communauté croyante, mais nous devons évidemment demeurer ouverts les uns à l'égard des autres.

Certains individus et certains groupes de croyants, comme les personnes en autorité ou les congrégations religieuses, se demandent régulièrement quel rôle prophétique elles devraient jouer dans l'Église. La chose a de quoi surprendre car personne ne peut se prétendre prophète: c'est Dieu qui appelle le prophète. Il est très rare, par contre, qu'on entende des gens se demander: quelle «fonction de sagesse» me revient dans l'Église? Cette question n'aurait pourtant rien de déplacé. Or le fait d'assumer une responsabilité de sage pourrait avoir des conséquences d'une grande portée. De même que Dieu fait confiance aux gens, les personnes en autorité devraient faire confiance au peuple de Dieu, et les croyantes et les croyants eux-mêmes devraient se faire davantage confiance. Plus question alors d'opter pour la facilité en demandant à d'autres des réponses toutes faites. Il faudrait prendre la vie à bras le corps et découvrir par soi-même quoi faire et à quel moment.

On regarde souvent Jésus comme un prophète, mais il était encore plus un sage qu'un prophète. «La Reine du Midi est venue des extrémités de la terre pour écouter la sagesse de Salomon, et il y a ici plus que Salomon» (*Matthieu* 12,42). Jésus, comme chacune et chacun de nous, a appris par expérience et a acquis de la maturité: «Quant à Jésus, il croissait en sagesse, en taille et en grâce devant Dieu et devant les hommes» (*Luc* 2,52).

2. Qu'est-ce qu'un proverbe?

Définition du proverbe

La sagesse humaine s'exprime à travers divers genres littéraires, mais le plus important est sans contredit le proverbe. On rencontre des proverbes à toutes les époques, dans toutes les cultures et chez tous les peuples. Curieusement, cependant, même si tout le monde l'utilise, le mot «proverbe» ne semble pas vouloir dire la même chose pour tout le monde. L'étudiante qui à la fin de l'année m'a remis sa liste de 138 proverbes avait inscrit en conclusion «*Enough is enough*» (trop, c'est trop). Pour elle, c'était évidemment un proverbe, mais bien des gens ne verraient pas nécessairement un proverbe dans une expression comme celle-là.

Une recherche sommaire dans quelques dictionnaires confirme qu'il y a passablement de désaccord et de confusion autour de la définition du mot. Le Webster (*Webster's Third New International Dictionary*) définit le proverbe comme «un *trait épigrammatique* passé dans la *langue commune: maxime* souvent reprise, mordante et bien frappée, *adage, dicton*». Dans cette définition, cependant, plusieurs termes (indiqués en italiques) ont besoin d'être expliqués. Voici les définitions qu'en propose le même dictionnaire: l'*épigramme* est «un court poème, ou un trait concis, sage ou spirituel, souvent paradoxal»; le *trait* est «une déclaration sage ou spirituelle attribuée à un personnage [généralement] bien connu; ou une formule largement répétée, un adage, un proverbe». On dit d'une *formule proverbiale* qu'elle est «entrée dans la langue»; la *maxime* est «un dicton de nature proverbiale»; l'*adage*, «un dicton qui exprime une expérience ou une observation commune souvent de forme métaphorique»; le *dicton* est «une formule traditionnelle, une maxime, un proverbe». Ces définitions sont circulaires. Un mot renvoie à un autre, le second renvoyant au premier, de sorte qu'il devient manifeste que la plupart de ces termes sont de simples synonymes.

Voici maintenant comment *The Oxford English Dictionary* définit le mot proverbe: «formule brève, mordante, d'usage commun et reconnu, sentence concise, qui recourt souvent à la métaphore ou à l'allitération, et dont on estime qu'elle exprime une vérité connue de tous, fondée sur l'expérience ou l'observation; adage, dicton de sagesse». Cette définition est plus claire mais elle suggère tout de même que les termes proverbe, adage et dicton sont de simples synonymes.

D'autres dictionnaires proposent une définition encore plus simple. *The Advanced Learner's Dictionary of Current English* parle d'une «formule brève et populaire, porteuse d'un conseil ou d'une mise en garde» et *The Penguin Dictionary of Literary Terms and Literary Theory* propose ce qui suit: «formule brève et nerveuse qui exprime une vérité générale. Par la forme et le contenu, elle s'apparente à la maxime et à l'aphorisme. Commune à tous les peuples et à toutes les nations, cette forme d'expression est très ancienne». Cette dernière définition renvoie encore une fois à d'autres termes, celui de «maxime» notamment, que nous avons déjà rencontré, mais elle en ajoute un qu'aucune des autres définitions n'avaient utilisé, «l'aphorisme», que le même dictionnaire définit comme suit: «énoncé laconique d'une vérité ou d'un dogme; généralisation mordante, parfois spirituelle. Le proverbe prend souvent la forme d'un aphorisme, la maxime également». Encore une fois, on tourne en rond, on définit ces mots les uns par les autres.

La même imprécision se retrouve dans les définitions qu'offrent du proverbe les dictionnaires des langues autres que l'anglais. Le *Littré* parle de «sentence, maxime, exprimée en peu de mots, et devenue commune et vulgaire». Le *Larousse*, pour sa part, propose: «court exposé exprimant un conseil populaire, une vérité de bon sens ou d'expérience, et qui sont devenus d'usage commun». Le *Grand Robert*, enfin, donne: «formule présentant des caractères formels stables, souvent métaphorique et exprimant une vérité d'expérience ou un conseil de sagesse pratique et populaire, commun à tout un groupe social». Quant au dictionnaire *Van Dale*, qui fait autorité en néerlandais, il indique: «formule exprimant en peu de mots une vérité de sagesse fondée sur l'expérience et largement acceptée, dont on applique le contenu imagé et la formulation nerveuse à des situations d'apparence nouvelle».

On le voit, ces dictionnaires n'arrivent pas à se mettre d'accord sur une définition précise. Les parémiologues (spécialistes de l'étude des proverbes[7]) n'arrivent pas non plus à s'entendre. W. Mieder, de l'Université du Vermont, donne une définition assez simple: «le proverbe est l'énoncé concis d'une vérité apparente qui continue d'avoir cours». Ne pourrait-on pas en dire autant des autres termes que contiennent les dictionnaires? D'autres essaient d'être très précis et d'établir de nettes distinctions entre tous ces synonymes. Firmin Rodegem, qui a recueilli près de cinq mille proverbes du Burundi, a étudié différentes formulations parmi lesquelles il distingue l'aphorisme, la maxime, le proverbe, le dicton proverbial, le trait, l'adage, le slogan, la devise ou l'apophtegme[8]. Cela paraît un peu exagéré. Tout le monde conviendra en effet qu'il est difficile de tracer la frontière entre ces diverses catégories.

D'autres experts, à l'inverse, estiment qu'il est impossible de définir le proverbe. Archer Taylor affirme par exemple: «Définir le proverbe est une entreprise trop difficile et qui

---

7   Du grec *paroimia*, proverbe.

8   F. Rodegem, «Proverbes et pseudo-proverbes», *Annales Æquatoria* 6 (1985), p. 67-85.

n'en vaut pas la peine [...] Une propriété incommunicable nous fait sentir que telle phrase est un proverbe et telle autre non [...] Contentons-nous de reconnaître qu'un proverbe est un dicton qui a cours au sein d'une population[9].» Cette explication n'est pas sans poser quelque problème, cependant. Qu'est-ce donc que cette propriété incommunicable qui nous fait voir que telle phrase est bien un proverbe? Mon étudiante pensait que «trop, c'est trop» était un proverbe, mais plusieurs de ses collègues n'étaient pas d'accord. Cette propriété n'est donc pas évidente.

Peut-être pourrions-nous établir une définition provisoire en partant de l'étymologie du mot. Le terme «proverbe» vient du latin *pro-verbium*: *verbium* signifie «mot» et le préfixe *pro* veut dire «avant». Un «pro-verbe» est donc *un mot qui ressort*, un mot *qu'on met en avant*. Les mots sont dits avant d'être écrits, et c'est sûrement le cas pour les proverbes. Par sa forme et par son contenu, le dicton frappe l'auditeur. Il s'inscrit normalement dans un contexte plus vaste, qu'il vient éclairer. La personne l'introduira souvent par une formule telle que «comme on dit» ou «comme dit le proverbe». Elle peut aussi citer un proverbe sans le présenter, mais lui donner plus de relief en changeant le ton de sa voix, ou elle peut conclure son intervention en citant un proverbe. Mais quoi qu'elle fasse, la première chose qu'on peut dire du «pro-verbe», c'est qu'il attire l'attention.

Pour attirer l'attention, un proverbe doit se distinguer par son origine, par sa forme et par son contenu. Il se doit d'être d'origine populaire, d'avoir une forme concise et nerveuse et de dispenser un enseignement. Les définitions des différents dictionnaires ont fréquemment mentionné l'une ou l'autre de ces caractéristiques. À mon avis, le proverbe doit les présenter toutes trois.

---

9   A. TAYLOR, *The Proverb*, Cambridge, MA, Harvard, 1931.

D'abord, il faut que le dicton soit d'origine *populaire*. Il est difficile de dire jusqu'à quel point un proverbe doit être populaire, mais il faut vraiment qu'il vienne «du peuple». Ce qui veut dire que les proverbes sont généralement très anciens car ils se sont transmis de génération en génération. Il pourra arriver à l'occasion, mais rarement, qu'une formule éclairante et bien ramassée devienne populaire en peu de temps. L'âge explique aussi pourquoi la plupart des proverbes sont anonymes; la tradition a oublié ceux qui les ont prononcés pour la première fois.

Ici encore, il peut y avoir des exceptions, il peut arriver que nous connaissions le nom de l'auteur. Ainsi, le proverbe américain *There's no place like home* (il n'est pas de lieu comme le foyer) vient d'une chanson intitulée *Home, Sweet Home*, écrite par John Howard Payne (1791-1852). Plusieurs proverbes sont attribués à Shakespeare, notamment celui-ci:

> *Cowards die many times before their deaths.*
> *Le poltron meurt plusieurs fois avant de mourir.*

Toutefois, certains de ces proverbes auront peut-être connu une existence antérieure. Car de même que la Bible attribue tous les proverbes à Salomon, nous avons fort bien pu faire de Shakespeare une sorte de «Salomon anglais» et lui attribuer des proverbes qui en réalité l'ont précédé. Jésus s'est servi de plusieurs proverbes mais les a-t-il inventés ou a-t-il employé des proverbes qui existaient déjà? Une phrase comme

> *Le disciple n'est pas au-dessus du maître*
> *ni le serviteur au-dessus du patron*

> (*Matthieu* 10,24)

pourrait bien n'être que la citation d'un proverbe bien connu.

En revanche, le

> *Rendez à César ce qui est à César*
> *et à Dieu ce qui est à Dieu*

(*Matthieu* 22,21)

peut fort bien être l'œuvre de Jésus lui-même. Le contexte dans lequel il apparaît semble le suggérer.

Du moment que nous savons qui a inventé la formule, on peut parler de citation. Nous citons ce que Shakespeare a dit. Mais quand le trait devient si populaire qu'on ne se rappelle plus d'où il vient, alors nous avons bien un proverbe. Peu importe l'auteur, en un sens. L'expression dépasse le contexte où elle est apparue pour s'appliquer à toutes sortes de situations nouvelles. Comme le dit Qohélet, «il n'y a rien de nouveau sous le soleil» (*Qohélet* 1,9). C'est aussi ce qui explique que le même proverbe, ou du moins des proverbes très semblables, apparaît dans des langues différentes sans qu'on puisse prouver qu'une culture l'a emprunté à l'autre.

Deuxièmement, pour être un proverbe, une formule doit présenter deux caractéristiques formelles. D'abord, elle doit être *brève*. Un proverbe n'est pas un discours; il ne traîne pas. Au contraire, le proverbe est court, compact et donc facile à se rappeler. Bien des dictons sont brefs mais, pour avoir un vrai proverbe, il faut une formule *frappante*. Il faut du nerf, il faut mettre dans le mille. Le proverbe devra être spirituel, amusant, humoristique ou même sarcastique. Il devra employer un langage métaphorique, des images, il pourra même recourir à l'allitération, voire au calembour (mais ces deux dernières astuces ne survivent pas à la traduction). En d'autres mots, un «pro-verbe» ressort parce qu'il touche juste. Il peut même choquer. À l'inverse, les longs développements compliqués n'impressionnent pas les gens et ne deviennent jamais populaires.

Enfin, il faut que le proverbe cherche et *réussisse à instruire*. Il a quelque chose à voir avec l'apprentissage, l'enseignement, le conseil ou la mise en garde. C'est une parole de sagesse, reliée à une vérité fondée sur l'observation ou sur l'expérience humaine, et généralement tenue pour vraie. Le proverbe a une telle emprise sur la réalité ou sur la vérité qu'il semble continuer de s'appliquer à des circonstances qui ne cessent d'évoluer. Il contient un enseignement; il invite l'auditeur à réfléchir, à juger et à grandir. C'est peut-être cette qualité qui manque à «Trop, c'est trop». Néanmoins, la vérité proposée par un proverbe n'est pas nécessairement toute la vérité, et il peut s'appliquer à certaines situations mais pas à d'autres. D'où les proverbes contradictoires. S'il est vrai que

> *Quand il y a plusieurs cuisiniers, la soupe est trop salée,*

il n'est pas moins vrai que

> *L'union fait la force.*

Hésiode disait déjà que «plus de mains [à la tâche] signifie plus de travail [accompli]».

Qohélet critique souvent la sagesse reçue en citant d'abord un proverbe qui présente la perspective traditionnelle avant d'en ajouter un autre qui affirme le contraire. Ainsi écrit-il:

> *Le fou se croise les bras*
> *et il se dévore lui-même*

> (*Qohélet* 4,5)

mais il ajoute aussitôt:

> *Mieux vaut une poignée de repos*
> *que deux poignées de fatigue*

> (*Qohélet* 4,6).

Les gens ont formulé des épigrammes à propos des proverbes, et ces traits nous aident à comprendre ce que sont les proverbes. Lord John Russell a dit que les proverbes contiennent «la sagesse de plusieurs et l'esprit d'une personne». On dit aussi: «Les proverbes sont la philosophie du peuple», «Les proverbes sont le sel de la langue» et «Un proverbe par jour garde l'intellectuel enjoué». Les Hollandais et, curieusement, les Burundais disent que le proverbe est «fille de l'expérience». Un autre dicton hollandais affirme qu'un proverbe ne formule pas toujours toute la vérité: «Un *proverbe* (un mot qui ressort) n'est pas toujours un mot *vrai*[10].» Et encore: «Bien des proverbes disent la vérité, mais un mot vrai peut être dit trop souvent.» Les proverbes relèvent de contextes particuliers: «Les proverbes sont de tout temps et de tout pays»; mais ils sont aussi universels: «Les proverbes sont de tous temps et de tous pays[11].» Archer Taylor, le parémiologue qui refuse donner une définition des proverbes, concède qu'ils sont caractérisés par «leur concision, leur sens et leur sel».

La forme des proverbes

Ces dictons populaires, mordants, instructifs ont une forme particulière, forme qui s'accorde à leur contenu. Il est étonnant de constater que ces diverses formes ne sont pas exclusives à une culture donnée, mais qu'elles se retrouvent dans différentes cultures, anciennes et modernes, même des cultures qui n'ont jamais eu de contacts entre elles.

On peut regrouper la plupart des proverbes en deux grandes classes: ils seront soit à l'*indicatif*, soit à l'*impératif*. Les

---

10 Le jeu de mot n'apparaît qu'en néerlandais: «*Een spreek*woord *is niet altijd een waar* woord.»

11 Cette fois, la nuance ressort beaucoup mieux dans l'original français.

proverbes à l'indicatif sont de simples énoncés. Ils formulent une vérité et ne donnent pas de conseil. Ils proposent une thèse et invitent l'auditeur ou le lecteur à y réfléchir, à discerner et à juger, ce qui pourra l'inciter à adopter un comportement donné. Par exemple,

> *Trésors mal acquis ne profitent pas,*
> *mais la justice délivre de la mort.*

(*Proverbes* 10,2)

C'est ce que l'expérience nous enseigne. Libre à chacun, dès lors, de décider sur quelle voie s'engager. Ce type de proverbe à l'indicatif se retrouve fréquemment dans nos proverbes modernes, tel:

> *Nulle rose sans épines.* (français)

D'autres proverbes sont à l'impératif: ils font plus qu'énoncer un fait; ils exhortent. Leur style est direct:

> *Recommande à Yahvé tes œuvres,*
> *tes projets se réaliseront.*

(*Proverbes* 16,3)

Ce genre de proverbes directifs existe encore de nos jours. Ainsi,

> *Entre l'arbre et l'écorce il ne faut pas mettre le doigt.*

(français)

Ces proverbes à l'impératif sont brefs mais, autrement, ils ressemblent à un autre genre littéraire sapientiel appelé «instruction». Là encore, le ton est impératif mais le discours est plus long, comme dans le passage qui commence par les mots «Écoute, mon fils, l'instruction de ton père [...]» (*Proverbes* 1,8).

À ces deux formes fondamentales j'en ajouterais une troisième, moins fréquente. Certains proverbes sont formulés à la voix *interrogative*, c'est-à-dire qu'ils posent une question.

> *Peut-on cacher du feu dans son sein*
> *sans enflammer ses vêtements?*

(Proverbes 6,27)

> *Saül est-il aussi parmi les prophètes?*

(1 Samuel 10,12)

> *De Nazareth peut-il sortir quelque chose de bon?*

(Jean 1,46)

En plus de ces différences de base entre l'indicatif, l'impératif et l'interrogatif, R.B.Y. Scott propose d'autres regroupements qui peuvent s'appliquer aux proverbes anciens et modernes[12].

Un premier type de proverbes pose une *identité*, une *équivalence* ou une *association invariable*: ceci est réellement (ou toujours) cela; là où il y a ceci, il y a cela; sans ceci, pas de cela. On retrouve cette structure dans le livre des Proverbes:

> *Point de bœufs, point de froment.*

(Proverbes 14,4a)

On la retrouve aussi dans d'autres livres de la Bible:

> *Comme est l'homme, telle est sa force.*

(Juges 8,21)

---

[12]   Ici, je suis de très près, parfois même à la lettre, l'excellente étude de R.B.Y. Scott, *Proverbs — Ecclesiastes*, Garden City, NY, Doubleday, The Anchor Bible 18, 1965, p. 5-8.

Ce que l'on sème, on le récolte.

(Galates 6,7)

Et encore dans des proverbes modernes[13] :

Les affaires sont les affaires. (anglais)

Un sou épargné, c'est un sou de gagné. (anglais)

Il n'y a pas de malade qui ne soit médecin.

(irlandais)

*Les visites font toujours plaisir
— sinon à l'arrivée du moins au départ.* (portugais)

Un second type de proverbes affirme la *non-identité*, un *contraste* ou un *paradoxe* : ceci n'est pas vraiment cela ; tout ce qui est ceci n'est pas cela ; ceci, et pourtant cela. On retrouve cette structure dans la tradition biblique :

La langue douce broie les os.

(Proverbes 25,15b)

Gorge affamée trouve douce toute amertume.

(Proverbes 27,7b)

De Nazareth peut-il sortir quelque chose de bon?

(Jean 1,46)

Et aussi dans des proverbes modernes :

Tout ce qui brille n'est pas or.

(anglais, néerlandais, etc.)

---

13 Lorsque je cite des proverbes de différentes époques et cultures, je commence par le plus ancien. Les proverbes européens modernes sont regroupés en ordre alphabétique de langue.

Les bonnes clôtures font les bons amis.   (anglais)

Chien qui aboie ne mord pas.   (flamand)

La faim est la meilleure des sauces.   (flamand)

Quand le vinaigre est gratuit,
il est plus doux que le miel.   (serbe)

Un troisième groupe souligne la *ressemblance*, *l'analogie* ou le *modèle*: ceci est (ou agit comme) cela; tel ceci, tel cela; ceci est (métaphoriquement) cela; comme un tel qui… Encore une fois, la Bible contient ce genre de proverbes:

La fraîcheur de la neige au fort de la moisson
est comme un messager fidèle pour qui l'envoie.

(*Proverbes* 25,13)

De l'eau fraîche pour une gorge altérée,
telle est une bonne nouvelle venant d'un pays lointain.

(*Proverbes* 25,25)

Il en sera du prêtre comme du peuple.   (*Osée* 4,9)

Telle mère, telle fille.   (*Ezéchiel* 16,44)

On trouve aussi des proverbes modernes du même type:

Tel maître, tel serviteur.   (anglais)

Celui qui va avec des loups apprend à hurler.

(anglais)

Qui dort avec son chien attrape ses puces. (flamand)

Tel père, tel fils.   (flamand, français)

Une quatrième classe de proverbes souligne ce qui est *contraire au bon ordre* et donc *futile* ou *absurde*. On peut trouver de l'ironie dans ces proverbes, même dans la Bible:

> *À quoi bon de l'argent dans la main d'un sot?*
> *à acheter la sagesse? il n'a pas de sens!*

> (*Proverbes* 17,16)

> *Sur ses gonds tourne la porte*
> *et, sur son lit, le paresseux!*

> (*Proverbes* 26,14)

> *Un Éthiopien peut-il changer de peau,*
> *une panthère de pelage?*

> (*Jérémie* 13,23)

Ce genre se retrouve dans plusieurs cultures et aussi dans des proverbes modernes:

> *On ne se baigne pas deux fois dans le même fleuve.*

> (grec classique)

> *À quoi sert de courir si on n'est pas sur le bon chemin?*

> (anglais)

> *Quand tu veux boire du lait, tu n'achètes pas la vache.*

> (crétois)

> *Il ne faut pas vendre la peau de l'ours avant de l'avoir tué.*

> (français)

La cinquième catégorie de Scott *classe* et *caractérise* les personnes, les façons d'agir ou les situations. Le livre des Proverbes contient plusieurs portraits de personnalités particulières:

Le simple d'esprit croit tout ce qu'on dit.

(*Proverbes* 14,15a)

Le paresseux plonge la main dans le plat;
rien qu'à la ramener à la bouche, il se fatigue!

(*Proverbes* 26,15)

Ce genre de classement se retrouve souvent dans les proverbes numériques:

Il est trois choses qui me dépassent
et quatre que je ne connais pas:
le sentier de l'aigle dans les cieux,
le sentier du serpent sur le rocher,
le sentier du navire en haute mer,
le sentier de l'homme chez la jeune femme.

(*Proverbes* 30,18-19)

Les proverbes modernes, eux aussi, classent et caractérisent:

Qui vole un œuf vole un bœuf. (anglais)

La vérité sort de la bouche des enfants et des fous.

(anglais)

Fumée, pluie et femme sans raison
chassent l'homme de sa maison. (français)

ou:

Cheminée qui boucane, femme qui chicane,
le diable dans la cabane. (français)

Envoyez l'insensé fermer les volets
et il les fermera dans tout le village. (yiddish)

Un sixième groupe porte sur la *valeur*, la *comparaison* ou la *priorité*, la *proportion* ou le *degré*: ceci vaut cela; plus (ou moins) de ceci, plus (ou moins) de cela; mieux vaut ceci que cela; d'abord ceci, ensuite cela; si ceci, combien plus cela. Ce type de jugement de valeur se retrouve dans plusieurs proverbes bibliques:

> *On aime mieux un pauvre qu'un menteur.*
>
> (Proverbes 19,22b)

> *Mieux vaut habiter en un pays désert*
> *qu'avec une femme acariâtre et chagrine.*
>
> (Proverbes 21,19)

> *Abomination, le sacrifice des méchants,*
> *surtout s'ils l'offrent dans une pensée criminelle.*
>
> (Proverbes 21,27)

> *Mieux vaut la fin d'une chose que son début,*
> *mieux vaut la patience que la prétention.*
>
> (Qohélet 7,8)

Cette structure se retrouve aussi fréquemment dans les proverbes modernes de diverses cultures:

> *Mieux vaut tard que jamais.*
>
> (anglais et autres langues)

> *Mieux vaut un oiseau dans la main*
> *que deux dans le buisson.* (anglais)

> *Mieux vaut un oiseau dans la main*
> *que dix dans les airs.* (flamand)

> *Un «tiens» vaut mieux que deux «tu l'auras».*
>
> (français)

Mieux vaut user ses chaussures que ses draps.

(génois)

L'hôte qui arrive sans avoir été invité est pire qu'un Tartare.

(russe)

Un septième groupe de proverbes traite des *conséquences du tempérament et du comportement humain.* La Bible en compte plusieurs:

Cœur joyeux fait bon visage.   (*Proverbes* 15,13a)

Qui creuse une fosse y tombe.   (*Proverbes* 26,27)

Les pères ont mangé des raisins verts,
les dents des fils sont agacées.

(*Jérémie* 31,29 = *Ézéchiel* 18,2)

Quelques proverbes modernes relèvent du même genre:

Donnez-lui en long comme le doigt
et il en prendra long comme le bras.   (anglais)

Dire à une femme ce qu'elle a le droit de faire,
c'est lui dire ce qu'elle a le pouvoir de faire.(espagnol)

Qui ne risque rien n'a rien.   (français)

Cette typologie n'est pas exhaustive. Il peut y avoir d'autres façons de regrouper les proverbes. Certains, par ailleurs, ne sont pas faciles à classer et pourraient relever de plus d'une catégorie. Mais l'attention qu'on porte à la forme d'un proverbe nous aide à en approfondir le sens.

La poétique des proverbes

Un proverbe, par définition, est court. Nous l'avons bien vu ci-dessus à la lecture de proverbes provenant d'autres cultures. Pour la plupart, ils tiennent sur une seule ligne. Par contre, les proverbes bibliques prennent souvent la forme de distiques. Dans les citations qui précèdent, je n'ai souvent retenu qu'une seule des deux lignes. Ainsi, par exemple:

Cœur joyeux fait bon visage.   (*Proverbes* 15,13a)

Cette première ligne formule déjà un message complet et n'a pas besoin de la seconde:

Cœur chagrin a l'esprit abattu.   (*Proverbes* 15,13b)

Voilà qui laisse entendre que plusieurs proverbes bibliques peuvent n'avoir comporté à l'origine qu'une seule ligne, comme ceux des autres cultures, et que ce n'est que plus tard, sans doute quand ils furent mis par écrit, qu'on a adopté la forme du distique pour faire du proverbe un petit poème.

Ces proverbes de deux lignes présentent en effet la caractéristique fondamentale de la poésie hébraïque: le *parallélisme*. On en distingue trois sortes. D'abord, le parallélisme *synonyme*: ce qui est dit dans la première ligne est répété autrement et donc renforcé dans la seconde:

Le méchant est attentif aux lèvres pernicieuses,
le menteur prête l'oreille à la langue perverse.

(*Proverbes* 17,4)

Les deux lignes forment un parallélisme synonyme parfait: «le menteur» fait écho au «méchant»; «prête l'oreille» correspond à «est attentif»; et «la langue perverse» renvoie aux «lèvres pernicieuses». Dans ce proverbe, l'ordre des mots est identique et nous pouvons en représenter la structure par la formule:

a — b — c
a' — b' — c'

Il arrive aussi que l'ordre des mots du second vers soit l'inverse de celui du premier. C'est ce qu'on appelle un chiasme. Évidemment, la chose ne ressort pas toujours clairement de la traduction française d'un proverbe en hébreu. Pour le proverbe qui précède, le chiasme aurait donné:

> *Le méchant est attentif aux lèvres pernicieuses*
> *à la langue perverse prête l'oreille le menteur.*

Soit la structure:

a — b — c
c′ — b′ — a′

Le parallélisme synonyme de ce proverbe, que l'ordre des mots soit identique ou chiastique, forme aussi un parallélisme complet: chaque élément de la première ligne se retrouve dans la seconde.

Parfois, cependant, le parallélisme n'est que partiel. Ce serait le cas si notre proverbe était formulé comme suit:

> *Le méchant est attentif aux lèvres pernicieuses,*
> *le menteur, à la langue perverse.*

Soit la structure:

a — b — c
a′ — c′

Ou nous pourrions aussi avoir:

> *Le méchant est attentif aux lèvres pernicieuses,*
> *et à la langue perverse, le menteur.*

a — b — c
c′ — a′

Voici un autre exemple de proverbe présentant un parallélisme synonyme complet avec un ordre de mots identique:

> *L'arrogance précède la ruine*
> *et l'esprit altier annonce la chute.* (*Proverbes* 16,18)

Une deuxième forme de parallélisme est *antithétique*: la première ligne formule une vérité de manière positive, et la seconde la reprend sous forme de négation. Le proverbe offre ainsi au lecteur un contraste entre deux options. Technique fréquente dans la littérature sapientielle qui joue sur l'opposition entre le sage et l'insensé, le juste et le méchant.

> *Le fils sage réjouit son père,*
> *le fol enfant chagrine sa mère.*   (*Proverbes* 10,1)

Les deux lignes forment un parallélisme antithétique évident. La première énonce la vérité de manière positive tandis que la seconde la présente en négatif. L'ordre des mots est le même:

a — b — c
a′ — b′ — c′

Mais ce parallélisme pourrait aussi prendre la forme d'un chiasme:

> *Le fils sage fait la joie de son père,*
> *sa mère est chagrinée par le fol enfant.*

Selon la structure:

a — b — c
c′ — b′ — a′

Le parallélisme antithétique peut être, lui aussi, complet ou partiel. On le retrouve dans un grand nombre de proverbes:

> *Main nonchalante appauvrit;*
> *main diligente enrichit.*   (*Proverbes* 10,4)

Ici, le premier vers exprime le comportement négatif et ses conséquences, et le second présente le message positif.

> *L'attente des justes n'est que joie;*
> *l'espérance des méchants périra.*   (*Proverbes* 10,28)

Le troisième type de parallélisme, qu'on appelle *synthétique*, est très différent des deux premiers. Dans les parallélismes synonyme et antithétique, chaque ligne est complète et suffit à transmettre le message. Dans le parallélisme synthétique, la deuxième ligne ajoute quelque chose au sens, qu'elle complète et fait progresser. Dans certains cas, le premier vers peut reprendre un ancien proverbe, qui faisait un tout avant qu'on lui ajoute une deuxième ligne au moment de le mettre par écrit.

Dans certains cas, la seconde ligne ne fait que poursuivre la phrase en explicitant ce que dit la première:

> Les aimables propos sont un rayon de miel,
> doux au palais, salutaires au corps.

(Proverbes 16,24)

Le deuxième vers indique parfois la conséquence ou le résultat de ce qui a été affirmé dans le premier:

> Qui donne au pauvre prête à Dieu,
> qui paiera le bienfait de retour.

(Proverbes 19,17)

Il peut exprimer un contraste ou une opposition, introduite par le mot «mais»:

> Telle route paraît droite à quelqu'un,
> mais elle conduit, en fin de compte, à la mort.

(Proverbes 16,25)

> Le sot n'aime pas à réfléchir,
> mais à étaler son sentiment.

(Proverbes 18,2)

Il peut aussi fournir une comparaison:

> *Dans la lumière du visage royal est la vie,*
> *telle une pluie printanière, sa bienveillance.*
>
> (Proverbes 16,15)

Comparaison qui peut prendre la forme «mieux vaut [...] que [...]»

> *Plutôt rencontrer une ourse à qui on a ravi ses petits*
> *qu'un insensé en son délire.*
>
> (Proverbes 17,12)

Dans certains cas, on voit clairement que la deuxième ligne est une exhortation ajoutée après coup :

> *C'est ouvrir une digue qu'entamer un procès ;*
> *avant qu'il ne s'engage, désiste-toi.*
>
> (Proverbes 17,14)

> *Il révèle les secrets, le bavard ;*
> *avec qui parle trop, point de commerce !*
>
> (Proverbes 20,19)

À certains proverbes on a ajouté une motivation :

> *Écarte-toi du sot,*
> *car tu ne trouverais pas chez lui de lèvres savantes.*
>
> (Proverbes 14,7)

L'ajout peut offrir une explication :

> *Le brigandage des méchants les fait tomber dans le filet,*
> *car ils refusent de pratiquer le droit.*
>
> (Proverbes 21,7)

Le parallélisme permet de supposer que plusieurs proverbes simples ont été développés sur deux lignes, probablement à des fins d'enseignement. Le père, la mère ou le maître récitait la première ligne, et l'enfant ou le disciple répondait par la deuxième.

Le parallélisme n'est que l'une des techniques de la poésie hébraïque. Celle-ci peut aussi recourir à l'allitération et à l'assonance, qu'on ne pourra toutefois apprécier que dans l'original hébreu: aucune traduction ne saurait les rendre. On observera cependant qu'on retrouve l'assonance et l'allitération dans des proverbes de partout à travers le monde, comme dans les proverbes français et anglais que voici:

Qui va à la chasse perd sa place.

Qui a bon voisin a bon mâtin.

Cœur qui soupire n'a pas ce qu'il désire.

Tout passe, tout casse, tout lasse.

A friend in need is a friend indeed.
(C'est dans le besoin qu'on connaît ses amis.)

Little strokes fell great oaks.
(Petits coups répétés abattent grands chênes.)

An apple a day keeps the doctor away.
(Une pomme chaque jour conserve son homme.)

Some are wise and some are otherwise.
(Il y a les sages et il y a les autres.)

L'attention portée à la forme littéraire ou poétique des proverbes rend leur lecture et leur étude fascinantes, et peut nous aider à en pénétrer le sens.

Deuxième partie

À l'école des proverbes

Après ces quelques observations sur ce que sont les proverbes, passons à ce que les proverbes nous disent de la vie. La forme des proverbes est importante, mais leur contenu l'est encore plus. La lecture et l'interprétation des textes anciens posent toujours des problèmes, mais les proverbes présentent des difficultés particulières.

La traduction des proverbes

Le livre des Proverbes, comme tous les autres livres de la Bible, n'a pas été préservé intact. Les nombreuses générations qui ont transmis et copié ces proverbes y ont introduit des changements: elles ont donc «corrompu» le texte. Le texte hébreu (le texte massorétique) et le texte grec (la Septante) présentent parfois de grandes différences. Il n'est pas facile, par conséquent, de savoir lequel est le plus proche de l'original. En outre, le rétablissement du texte hébreu et sa traduction sont plus difficiles pour les proverbes que pour les autres textes bibliques, parce que la plupart des proverbes sont insérés dans des listes sans que le contexte puisse nous éclairer et suggérer une solution intelligente.

La traduction pourra donc varier considérablement d'une bible à une autre et on ne devra y chercher, au mieux, qu'une *tentative* de restitution du proverbe hébreu original. Il est facile d'observer ces différences dans *The Complete Parallel Bible*, qui affiche côte à côte les traductions de la *New Revised Standard Version*, de la *Revised English Bible*, de la *New American Bible* et de la *New Jerusalem Bible*[14]. J'ai souvent choisi entre ces quatre bibles la traduction anglaise la plus claire, ou alors j'en ai proposé une de mon cru. La traduction donnée dans la présente étude ne prétend pas être la plus «scientifique» ou faire autorité.

Pas facile non plus d'employer le langage inclusif pour traduire le livre des *Proverbes*. Le père, la mère ou le maître s'adressent souvent à «mon fils» (*ben*, en hébreu). Quelques traductions ont choisi de dire «mon enfant», mais cette solution devient bancale quand le parent recommande à son «fils» (*Proverbes* 2,1) de se garder de «la femme étrangère» (*Proverbes* 2,16). La Bible a été écrite dans une société patriarcale et il y a plus de *Proverbes* au sujet des femmes que des hommes. De fait, il s'agit d'un phénomène commun à de nombreuses cultures. Même chose pour l'humour: il existe plus de plaisanteries au sujet des femmes que des hommes et elles circulent non seulement parmi les hommes, mais les femmes elles-mêmes se les racontent. Quoi qu'il en soit, le lecteur découvrira que la plupart des *Proverbes* s'appliquent aussi bien aux hommes qu'aux femmes.

L'interprétation des proverbes

Le fait d'énumérer les proverbes sans contexte pose des problèmes non seulement pour la traduction mais aussi pour l'interprétation. Une règle générale prévaut cependant: certains proverbes ne peuvent être interprétés que *d'une manière littérale*, alors que d'autres peuvent aussi l'être *au figuré*. Dans le premier cas, le sens littéral du proverbe énonce une vérité

---

[14]   *The Complete Parallel Bible: Containing the Old and New Testaments with the Apocryphal / Deuterocanonical Books*, New York/Oxford, Oxford University Press, 1993.

Pour la traduction française, on a surtout utilisé la *Bible de Jérusalem* et la *Traduction œcuménique de la Bible*.

qui s'applique à tant de situations différentes qu'on peut la qualifier de vérité générale:

> *La haine allume des litiges,*
> *l'amour couvre toutes les fautes.*

(Proverbes 10,12)

Le sens de ce proverbe est parfaitement transparent. Il colle si bien à la vie personnelle que les gens l'ont répété et la formule est devenue un proverbe. On trouve des proverbes comme celui-ci dans toutes les cultures.

> *Tu ne sauras pas de quoi tu es capable*
> *tant que tu n'auras pas essayé.*   (anglais)

L'énoncé n'a pas besoin d'autre application: tout le monde doit s'y rallier.

D'autres proverbes peuvent être compris au sens littéral mais prennent tout leur sens quand on y reconnaît une métaphore:

> *As-tu trouvé du miel? Manges-en à ta faim;*
> *mais garde-toi de t'en gorger, tu le vomirais.*

(Proverbes 25,16)

Le sens premier de ce proverbe est facile à saisir. Mais, loin de s'appliquer exclusivement au miel, il vaut de tout ce qui est agréable dans la vie: l'abus d'une bonne chose est néfaste. Bien des proverbes dans toutes les cultures exigent d'être pris ainsi au sens figuré.

> *Trop de cuisiniers gâtent la soupe.*   (anglais)

Pris au sens littéral, ce proverbe donne sûrement un bon conseil, mais il ne s'appliquerait ainsi qu'à une sphère très restreinte de la vie humaine. La formule n'a survécu comme proverbe que parce que son application métaphorique lui conférait la portée générale nécessaire à un proverbe. L'idée ne vaut pas seulement en cuisine mais dans bien d'autres domaines.

La façon de regrouper les proverbes

Le Livre des Proverbes est un recueil de recueils. Deux de ceux-ci portent carrément le titre de Proverbes de Salomon (*Proverbes* 10,1—22,16; 25,1—29,27). Ces deux collections sont probablement les plus anciennes, et c'est elles qui contiennent les proverbes authentiques. Je vais donc ici m'en tenir à elles. Les autres sections du Livre des Proverbes contiennent avant tout des «instructions».

Il y aurait différentes façons de classer les proverbes. Certaines études les abordent par ordre alphabétique. Mais comme les proverbes placent l'être humain au cœur de leurs préoccupations, je les regrouperai ici autour de thèmes en lien avec la personnalité et les relations interpersonnelles. La première section examine la personne prise en elle-même: elle porte sur «ma relation à moi-même». Cependant, chacun de nous est au cœur d'un réseau de relations: avec les autres, avec la nature et avec Dieu. Je regrouperai donc les proverbes en fonction de «ma relation aux autres», de «ma relation à la nature» et de «ma relation à Dieu». Ce plan reprend la structure de mon ouvrage précédent, *Becoming Fully Human: A Biblical Perspective*[15]. J'y étudiais la Torah et les prophètes sans aborder véritablement la littérature sapientielle. En comparant mes deux ouvrages, le lecteur découvrira que l'idéal personnel présenté dans les *Proverbes* recoupe celui des autres grands courants de la tradition biblique.

---

15 W. VOGELS, *Becoming Fully Human: A Biblical Perspective*, Ottawa, Novalis, 2003; ID., *Vivre selon la Bible avec Dieu, les autres, la nature*, Ottawa, Novalis, 1988 (épuisé).

Pour chacune de ces quatre catégories, j'ai tiré des deux recueils salomoniens un certain nombre de proverbes qui me paraissent plus représentatifs. Les personnes intéressées pourront se reporter à la Bible pour lire les autres proverbes de ces collections. Certains pourraient d'ailleurs se retrouver dans plus d'une catégorie. Celui qui dit, par exemple: «La richesse multiplie les amis, mais de son ami le pauvre est privé» (19,4) pourrait figurer aussi bien dans le paragraphe qui traite de «Richesse et pauvreté» que dans celui qui s'intitule «Amis et ennemis». Comme la grande majorité de ces proverbes proviennent du Livre des Proverbes, j'en indiquerai simplement le chapitre et le verset. La référence «15,2» renverra donc au livre des Proverbes, chapitre 15, verset 2.

Si Francis Bacon a raison d'affirmer que «le génie, l'humour et l'esprit d'une *nation* [les italiques sont de moi] se découvrent dans ses proverbes», l'étude des proverbes de la Bible nous fera découvrir l'idéal hébraïque et biblique de la personne. Après un proverbe ou deux de la Bible, j'en cite plusieurs autres, analogues, provenant des cultures anciennes et modernes du monde entier. Ces proverbes traduisent souvent autrement la même réalité que ceux de la Bible. Ce qui donne à penser que toutes les cultures partagent une même conception idéale de l'être humain. S'il en est ainsi, nous pourrions reformuler comme suit l'aphorisme de Bacon: «Le génie, l'humour et l'esprit de l'*humanité* se découvrent dans les proverbes.» Nous pourrions donc trouver ici, dessiné en paroles, le portrait de la personne que nous voudrions tous et toutes devenir: bonne et sage, composant habilement avec ce que lui réserve la vie.

Des anciennes cultures mésopotamiennes, je cite des proverbes sumériens et akkadiens. Les paroles d'Ahiqar, qui a vécu en Assyrie, relèvent techniquement de la culture akkadienne mais comme le texte en a été préservé en araméen, je les rattache au fonds araméen. Je donne aussi des proverbes égyptiens (tirés des *Instructions* de Ptah-hotep, de Meri-ka-ré, d'Amen-em-ope et d'Onchsheshonqy), et quelques proverbes classiques grecs et latins.

Pour ce qui est des proverbes modernes (dont certains sont sûrement très anciens), j'en présente plusieurs qui viennent d'Afrique. L'Afrique, bien sûr, est un continent, mais il m'a été impossible de découvrir plus précisément à quelle région ou à quelle culture précise ils se rattachent. Je présente des proverbes d'Asie — japonais, chinois, indiens, arabes (dont certains peuvent venir d'Afrique) — et plusieurs proverbes juifs (qui peuvent provenir, évidemment, de divers continents). Plusieurs proverbes se rattachent à différentes cultures européennes et nord-américaines. Comme nous l'avons déjà remarqué, il est souvent difficile de savoir si tel ou tel proverbe moderne est irlandais, anglais, écossais, américain, anglo-canadien, australien, etc. Puisque ces proverbes sont souvent répandus à travers le monde anglophone, je les qualifierai souvent simplement d'«anglais». Même chose pour les proverbes allemands, français ou néerlandais. Je suis flamand et notre culture emploie des proverbes qu'on rencontre aussi aux Pays-Bas. Je les qualifierai tous de «néerlandais» en fonction de la langue. Comme je l'ai déjà dit, il n'est ni possible ni utile de retracer l'origine des proverbes[16].

1. Ma relation à moi-même

Plusieurs proverbes ont pour objet la personne, le sujet. Je les regroupe ci-dessous en fonction de ce qu'ils disent de la personne: ce qu'elle *est*, ce qu'elle *a*, ce qu'elle *dit* et ce qu'elle *fait*.

---

[16] On trouvera dans la bibliographie des ouvrages où se retrouvent certains des proverbes anciens et modernes.

Ce que je suis

Une large part de ce qu'est la personne est fixée dans son cœur, sa pensée et son esprit; plusieurs proverbes traitent donc de ce centre de la personne.

> *Les pensées dans le cœur humain sont des eaux profondes;*
> *l'homme raisonnable y puisera.* (20,5)

La première partie du proverbe affirme que les expériences sont ensevelies au *fond* du cœur. L'idée se retrouve dans les proverbes de diverses cultures:

> *Le cœur de l'homme est une mer.* (africain)

> *Ce qu'il y a derrière nous*
> *et ce qu'il y a devant nous est peu de chose*
> *en regard de ce qu'il y a en nous.* (anglais)

Cependant, la seconde partie du proverbe biblique ajoute que tout ce qui gît dans le cœur n'est pas recommandable. Il y a certains sentiments qu'il vaut mieux ne pas réveiller. Seule la personne avisée saura distinguer les souvenirs qu'il faut laisser là où ils sont et ceux qui peuvent être ramenés à la surface.

> *Il y a chez l'homme deux bonnes choses: la langue et le cœur;*
> *si l'une est bonne, l'autre l'est aussi.* (africain)

Parce que le cœur est profond, il est *insondable* et il n'est pas facile de vraiment comprendre l'autre:

> *Les cieux sont hauts, la terre profonde*
> *mais le cœur des rois est insondable.* (25,3)

De même que le roi n'arrive pas à saisir complètement le dessein de Dieu, ainsi les sujets ne comprennent-ils pas toujours les plans du roi. Le proverbe suggère aussi bien la sagesse supérieure que le gouvernement imprévisible du roi, qui agit à sa guise.

Comme l'ordre et le chaos s'entremêlent dans l'univers de Dieu, ils se retrouvent l'un et l'autre dans le comportement humain, et le cœur de chacun reste un mystère pour autrui.

> *Le cœur connaît son propre chagrin*
> *et nul étranger ne partagera sa joie.* (14,10)

> *Le cœur est compliqué plus que tout, et pervers*
> *— qui peut le pénétrer?*
>
> (Jérémie 17,9)

Même s'il nous est impossible d'arriver à comprendre les autres parfaitement, nous devrions tout de même partager leurs joies et leurs peines:

> *Joie partagée s'accroît,*
> *peine partagée s'atténue.* (néerlandais)

Nous n'arrivons jamais à sonder le mystère de l'autre, mais nous sommes en meilleure position pour nous connaître nous-mêmes grâce au souffle ou à l'esprit que Dieu nous donne:

> *L'esprit de l'homme est la lampe de Yahvé*
> *qui pénètre jusqu'au tréfonds de son être.* (20,17)

Dieu a mis «une lampe» à l'intérieur de chacun pour éclairer le côté obscur du cœur. C'est précisément la nature et la fonction de la conscience humaine. Dieu, bien sûr, est le seul à connaître le cœur de part en part:

> *Shéol et Abîme sont devant Yahvé:*
> *combien plus le cœur des enfants des hommes!* (15,11)

Le cœur humain peut être *prudent* ou *pervers*, et chaque attitude entraîne évidemment des conséquences différentes:

> *On prise un homme selon sa prudence,*
> *le cœur tortueux est en butte au mépris.* (12,8)

Toutes les cultures savent apprécier la prudence:

L'homme qui regarde devant lui
ne trébuche ni ne tombe.

(égyptien, *Onchsheshonqy*)

Nous devenons prudents en tirant les leçons de nos erreurs:

Celui qui a été mordu par un serpent
a peur d'une glène de cordage.

(égyptien, *Onchsheshonqy*)

Chat échaudé craint l'eau froide.   (français)

Un homme averti en vaut deux.   (français)

La seconde partie du proverbe biblique reprend la même idée *a contrario*, en partant du cœur tortueux. Cette vérité aussi est universellement reconnue.

Le mutilé n'arrêtera jamais de boiter.   (africain)

Le proverbe biblique cité ici affirme que le sournois ne connaîtra jamais que le mépris. Pas étonnant, puisqu'il cherche à tromper les autres:

Dans le cœur des artisans de mal, il y a la fausseté;
mais pour ceux qui conseillent la paix, c'est la joie.

(12,20)

Certains sont encore pires: leur cœur est cuirassé. Mais en définitive ce défaut se retourne contre eux:

Heureux l'homme toujours en alarme;
qui s'endurcit le cœur tombera dans le malheur. (28,14)

Garder le cœur ouvert, c'est être ouvert au changement:

Adore ce que tu as brûlé
et brûle ce que tu as adoré.   (français)

On peut aussi avoir le cœur hautain:

> *Regards altiers, cœur dilaté,*
> *flambeau des méchants, ce n'est que péché.* (21,4)

> *L'œil et le cœur sont les agents du péché.* (juif)

Même le cœur ouvert n'est pas entièrement pur:

> *Qui peut dire: «J'ai purifié mon cœur,*
> *de mon péché je suis net?»* (20,9)

Malgré tout, nous apprécions d'avoir la conscience en paix:

> *La conscience tranquille dort sous la foudre.*
>
> (anglais)

> *Une bonne conscience est un doux oreiller.* (français)

Au fond d'eux-mêmes, les gens ont le cœur *léger* ou alors ils sont tristes, ils ont le cœur *lourd*:

> *Un souci dans le cœur de l'homme le déprime,*
> *mais une bonne parole le réjouit.* (12,25)

La première partie de ce proverbe évoque les soucis des gens. Ils engendrent la crainte et la peine, et troublent la paix de l'esprit:

> *Un homme morose est son propre ennemi.*
>
> (finlandais)

> *Personne ne peut te rendre malheureux que toi-même.*
>
> (indien, *Gandhi*)

> *C'est le souci, pas le travail, qui tue.* (maltais)

La deuxième partie du proverbe biblique souligne ce qu'un bon mot peut apporter de réconfort. Un sourire, un visage joyeux peuvent avoir le même effet:

Un regard lumineux donne une joie profonde,
une bonne nouvelle donne des forces.   (15,30)

Mieux vaut éclairer ton visage d'un sourire
que te plaindre de l'obscurité.   (africain)

Un sourire coûte moins cher que l'électricité
et il donne plus de lumière.   (anglais)

Un sourire vaut mille mots.   (anglais)

Bien sûr, le contraire est tout aussi vrai: une parole déplacée ou même une bonne parole au mauvais moment peuvent aggraver la détresse de l'autre:

C'est mettre du vinaigre sur une plaie
que de chantonner pour un cœur affligé.
Comme la mite dans le vêtement, comme le ver dans le bois,
le chagrin ronge le cœur humain.   (25,20)

En plus des soucis, les déceptions peuvent alourdir le cœur:

Espoir différé: langueur du cœur;
désir satisfait: arbre de vie.   (13,12)

Les gens vivent d'espoir et d'attentes. L'espoir qui n'est jamais satisfait entraîne le découragement et la déprime, alors qu'un vœu réalisé est source de vie:

La dépression fait perdre à l'arbre ses feuilles. (africain)

Le caractère enjoué avance à grands pas
alors que le grincheux s'embourbe.   (anglais)

L'espoir, c'est la vie.   (français)

Même si les profondeurs du cœur demeurent un mystère, ce qui se passe dans le cœur trouve parfois le moyen de se refléter sur le visage. On ne parvient jamais à masquer complètement ce qu'on ressent.

> *Cœur joyeux fait bon visage,*
> *cœur chagrin l'esprit abattu.*   (15,13)

> *L'humeur de la personne se reflète sur son visage.*
>
> (égyptien, *Onchsheshonqy*)

> *Cœur heureux, visage épanoui.*   (anglais)

> *Qui durcit son visage est destiné à la Géhenne.* (juif)

Comme le dit le proverbe, les apparences sont trompeuses:

> *Même dans le rire le cœur s'attriste*
> *et la joie finit en chagrin.*   (14,13)

Un cœur joyeux change la vie d'une personne. Il lui procure du bonheur.

> *Pour l'affligé tous les jours sont mauvais;*
> *cœur joyeux est toujours en fête.*   (15,15)

> *Contentement passe richesse.*   (anglais)

> *Qui est riche?*
> *Celui qui se réjouit de son sort.*   (juif)

Ce qu'on éprouve à l'intérieur influence la santé physique, comme les médecins en prennent de plus en plus conscience aujourd'hui. Un esprit en bonne santé favorise la santé du corps tandis qu'un esprit morbide prédispose à la maladie:

> *Vie du corps: un cœur paisible,*
> *mais l'envie est la carie des os.*   (14,30)

> *Cœur joyeux, excellent remède!*
> *Esprit déprimé dessèche les os.*   (17,22)

> *La maladie, l'esprit de l'homme peut l'endurer;*
> *mais l'esprit abattu, qui le relèvera?* (18,14)

Les Romains le savaient, comme bien d'autres cultures:

> *Un esprit sain dans un corps sain.* (latin)

> *La bonne humeur aplanit le chemin de la vie.*
>
> (anglais)

> *Le contentement apporte santé au malade*
> *et richesse au pauvre.* (anglais)

> *Celui qui chante chasse sa peine.* (anglais)

Plusieurs des proverbes qui précèdent nomment le cœur mais parlent en fait des différents *sentiments* qu'on éprouve. D'autres proverbes renvoient à ces sentiments. Ils associent souvent des contraires: la crainte et l'espoir, les soucis et la paix, la peine et la joie (10,24.28; 11,6.23; 13,9; 21,15.26).

Le cœur humain peut tendre à l'orgueil, comme l'esprit d'ailleurs (21,4) mais cela mène à la frustration:

> *L'arrogance annonce la ruine*
> *et l'esprit altier la chute.* (16,18)

On oppose fréquemment les conséquences de l'*humilité* et celles de l'*orgueil* (12,9; 15,33; 16,19; 17,19; 18,12; 21,24; 27,2).

> *Que vienne l'orgueil, viendra le mépris,*
> *mais la sagesse est avec les humbles.* (11,2)

> *L'orgueil provoque l'humiliation;*
> *qui s'abaisse obtient de l'honneur.* (29,23)

En avoir conscience devrait influencer notre comportement.

En face du roi, ne prends pas de grands airs,
ne te mets pas à la place des grands.
Car mieux vaut qu'on te dise: «Monte ici!»
que d'être abaissé en présence du prince. (25,6-7)

Toutes les cultures savent que l'orgueil mène à l'impasse et que l'humilité est la meilleure façon de réussir dans la vie.

Si tu veux être élevé, mon fils, humilie-toi devant Dieu
qui abaisse les orgueilleux et élève les humbles.

(araméen, *Ahiqar*)

On méprise le manant qui fait preuve d'arrogance;
on respecte le seigneur qui agit avec modestie.

(égyptien, *Onchsheshonqy*)

Ne marche pas la tête droite,
on te la fera courber. (africain)

Grandir, c'est redevenir un enfant. (africain)

Les grands arbres sont plus exposés au vent.

(allemand, anglais, français, néerlandais)

Celui qui est par terre n'a pas à craindre de tomber.

(anglais)

Celui qui se connaît le mieux
a de lui-même la plus faible estime. (anglais)

Pour arriver au sommet,
il faut commencer au bas de l'échelle. (anglais)

Quand l'orgueil chemine devant,
honte et dommage suivent de près. (anglais)

Un cœur fier dans une faible poitrine
donne à son homme bien peu de repos.   (anglais)

L'orgueil précède la chute.   (anglais, néerlandais)

La roche Tarpéienne est près du Capitole. (français)

Le clou qui dépasse, on tape dessus.   (japonais)

Qui court après les honneurs, les honneurs le fuient,
qui fuit les honneurs, les honneurs le poursuivent. (juif)

Le cœur humain nourrit aussi des sentiments d'*amour* et de *haine*. Aimer et être aimé sont deux des besoins les plus profonds de l'être humain, bien plus importants que la richesse:

Mieux vaut un plat de légumes là où il y a de l'amour
qu'un bœuf gras assaisonné de haine.   (15,17)

Mieux vaut du pain quand le cœur est joyeux
que la richesse avec la peine.

                    (égyptien, Amen-em-ope)

Mieux vaut une figue avec respect
qu'une noix de coco avec insolence.   (africain)

La haine mène à la destruction:

Les hommes sanguinaires haïssent l'homme intègre
et ils s'en prennent à la vie du juste.   (29,10)

Qui vit sans amour est un mort vivant.   (anglais)

L'amour, par contre, est source de vie. La haine et l'amour ont chacun leur fruit: la personne qui aime sera aimée, celle qui déteste sera détestée:

La personne généreuse sera comblée
et qui donne à boire sera lui-même désaltéré. (11,25)

On trouve le même principe dans un proverbe du Nouveau Testament:

> *Qui sème chichement, moissonnera chichement;*
> *qui sème largement, moissonnera largement.*

(2 Corinthiens 9,6)

Les gens le savent, partout à travers le monde:

> *De l'amour que tu donnes*
> *tu seras aimé.*   (anglais)

L'amour véritable se reconnaît à certains traits. Avant tout, il est fidèle:

> *L'amour fidèle entraîne sa récompense*
> *mais l'homme cruel afflige sa propre chair.*   (11,17)

> *Où la confiance fait défaut,*
> *il n'y a pas d'amour.*   (anglais)

> *L'amour exige la foi,*
> *et la foi, la fermeté.*   (anglais)

La personne fidèle, fiable, digne de confiance, aimante et généreuse y trouvera son profit. À l'inverse, ceux qui se montrent inflexibles et cruels ne font pas du tort qu'aux autres: eux-mêmes en souffrent. L'amour véritable a une autre qualité: il est sincère.

> *Mieux vaut réprimande ouverte*
> *qu'amour muet.*   (27,5)

Aimer les autres, c'est aussi les interpeller et les corriger quand ils ont tort:

> *Qui nous aime vraiment nous corrige librement.*

(anglais)

En même temps, qui aime véritablement sait pardonner les torts qu'on lui fait. Cette personne n'ira pas cultiver la rancune car c'est plutôt la bonne entente et la paix qu'elle recherche:

> *La haine allume des litiges;*
> *l'amour couvre toutes les fautes.* (10,12)

La deuxième partie de ce proverbe est citée dans l'épître de Jacques (5,20) et dans la première épître de Pierre (4,8). Elle est aussi développée par Paul dans son hymne à l'amour (*1 Corinthiens* 13,6): «L'amour excuse tout, croit tout, espère tout, supporte tout.»

> *Si tu aimes, tu portes un joug.* (sumérien)

Les gens ont des caractères différents. Les uns sont soupe au lait, toujours *en colère*, alors que d'autres savent se contrôler et font preuve de *patience*. Il arrive à tout le monde, à un moment où l'autre, d'être blessé, critiqué ou insulté. Cela fait partie de la vie. Mais les gens qui se mettent en colère à la moindre contrariété sont insensés tandis que les sages savent ignorer les vétilles:

> *L'insensé manifeste son chagrin sur l'heure*
> *mais l'homme avisé dissimule un outrage.* (12,16)

> *Le sot donne libre cours à tous ses emportements*
> *mais le sage, en les réprimant, les calme.* (29,11)

Toutes les cultures reconnaissent l'importance de contrôler sa colère:

> *Que le soleil ne se couche pas sur votre colère.*
>
> (*Éphésiens* 4,26)

> *Tarde à te mettre en colère,*
> *il y a tout le temps.* (anglais)

> *Il a vaincu un ennemi redoutable,*
> *celui qui surmonte sa propre colère.* (anglais)

> *La patience en un moment d'emportement*
> *t'évitera cent jours de peine.* (chinois)

> *Heureux celui qui ne s'arrête pas à ce qu'il entend,*
> *mille maux l'ignoreront.* (juif)

Les gens impatients, qui ne savent pas se contrôler, ne sont pas seulement insensés, ils se couvrent de ridicule tandis que ceux qui acceptent les aléas de la vie sont beaucoup plus heureux:

> *L'homme coléreux fait des sottises,*
> *l'homme réfléchi supporte beaucoup.* (14,17)

> *L'homme longanime est plein de sens,*
> *l'impatient est plein de folie.* (14,29)

> *L'habileté, pour un homme, c'est d'être longanime,*
> *sa fierté, c'est de passer sur une offense.* (19,11)

> *Ne sois pas prompt à t'offenser,*
> *la colère est l'ennemie du bon sens.* (anglais)

La personne qui réagit trop vite et qui laisse déborder sa colère ne fait qu'aggraver la situation:

> *C'est ouvrir une digue qu'entamer un procès,*
> *avant qu'il ne s'engage, désiste-toi.* (17,14)

> *L'homme violent s'expose à l'amende,*
> *qu'on l'épargne, et l'on augmente son malheur.* (19,19)

> *L'homme irascible engage la querelle,*
> *l'homme emporté multiplie les fautes.* (29,22)

> *Si la querelle te concerne,*
> *éteins la flamme.* (akkadien)

> *Le conflit est comme l'œil d'une fuite:*
> *plus le trou s'agrandit, plus le déversement augmente.*
> (juif)

En fin de compte, c'est le colérique qui y perd:

> *Ville ouverte, sans remparts,*
> *tel est l'homme qui ne se possède pas.* (25,28)

> *La colère naît dans la folie et meurt dans le repentir.*
> (anglais)

> *Tout ce qui débute dans la colère finit dans la honte.*
> (anglais)

Par contraste, qui sait se montrer patient obtient beaucoup plus:

> *Par la patience, un juge se laisse fléchir,*
> *la langue douce broie les os.* (25,15)

> *Douce est la langue du roi,*
> *mais elle broie les côtes du dragon.*
> (araméen, *Abiqar*)

Plusieurs autres proverbes des cultures les plus diverses illustrent les avantages de la patience sur l'irascibilité (16,32; 17,27; 29,8.9):

> *C'est la patience qui te fait sortir du filet.* (africain)

> *L'idée d'un bon repas rend douce l'attente.* (africain)

> *Tu ne peux pas semer et récolter le même jour.*
> (africain)

Une once de patience vaut une livre d'intelligence.

(anglais)

Qui est lent à la colère vaut mieux que le puissant.

(juif)

Qui est puissant? Celui qui domine sa nature. (juif)

Ce que je possède

Dans toutes les sociétés, il y a des *riches* et des *pauvres*. Plusieurs proverbes réfléchissent à la possession des biens matériels. On se demandera *comment arriver à posséder ces biens.* Nous apprenons qu'il nous faut travailler pour les acquérir. La paresse ne mène à rien.

> *Main nonchalante appauvrit,*
> *main diligente enrichit.* (10,4)

> *La richesse est loin,*
> *la pauvreté est toujours tout près.* (sumérien)

De nombreux proverbes postulent un lien entre le travail et la richesse, et entre la paresse et la pauvreté. Mais la façon dont nous essayons d'acquérir des biens matériels n'est pas non plus sans importance. Certaines personnes, par exemple, veulent s'enrichir très rapidement, mais cela est dangereux:

> *Fortune hâtive va diminuant,*
> *qui amasse peu à peu s'enrichit.* (13,11)

En fait, souvent celui qui s'enrichit trop vite ne sait pas apprécier son bien-être. Il ne connaît pas vraiment la valeur de ce qu'il a et il a tendance à le dépenser rapidement. Par contre, celui qui doit trimer dur apprend la valeur de l'argent.

> Le bien vite acquis au début
> ne sera pas béni à la fin. (20,21)

> L'homme loyal sera comblé de bénédictions,
> qui se hâte de faire fortune ne sera pas sans reproche.
> (28,20)

Pire encore: certains tentent de s'enrichir au mépris de la justice:

> Trésors mal acquis ne profitent pas,
> mais la justice délivre de la mort. (10,2)

La Bible ne se lasse pas de répéter que la richesse acquise de manière malhonnête a beau séduire et même satisfaire pour un temps, elle n'en conduit pas moins à la destruction. Elle est source d'angoisse (15,6). Plusieurs proverbes bibliques évoquent la même idée (13,23; 28,8.16):

> Qui est avide de rapines trouble sa maison,
> qui hait les présents vivra. (15,27)

> Doux est à l'homme le pain de la fraude,
> mais ensuite la bouche est remplie de gravier. (20,17)

L'idée est reprise par des proverbes de partout à travers le monde:

> Le succès de l'injustice ne dure qu'un moment;
> le succès de la justice, deux générations.
>
> (égyptien, *Ptah-hotep*)

> Convoiter ne fût-ce qu'un rien
> transforme les pacifiques en guerriers.
>
> (égyptien, *Ptah-hotep*)

L'aube révèle où les biens volés ont passé la nuit
mais ils ont déjà disparu.

(égyptien, *Amen-em-ope*)

Le fruit du mensonge brûle les doigts.   (anglais)

Bien mal acquis ne profite jamais.   (français)

L'honnêteté est la meilleure des politiques.   (juif)

Mal acquis, mal perdu.   (juif)

C'est l'honnêteté qui dure le plus longtemps.

(néerlandais)

Mais comment juger de la richesse et de la pauvreté? Qui est riche et qui est pauvre?

Tel joue au riche qui n'a rien,
tel fait le pauvre qui a de grands biens.   (13,7)

Ce proverbe pourrait signifier qu'il y a des gens qui font semblant d'être autre chose que ce qu'ils sont. Certains mendiants auraient beaucoup d'argent à la banque. Mais le proverbe peut aussi vouloir dire que la vraie richesse ne se mesure pas à la quantité d'argent qu'on possède.

Une fois qu'on a des biens, tout est de savoir *comment en user.* Nous l'avons vu, les gens qui font fortune rapidement ont tendance à tout dépenser. Il faut savoir employer les biens matériels avec discernement:

S'il y a un trésor et de l'huile dans la demeure du sage,
le sot, lui, a déjà tout englouti.   (21,20)

Tout le monde peut acquérir des biens,
seul le sage sait les conserver.

(égyptien, *Onchsheshonqy*)

Qui n'honore pas le liard [sou]
n'est pas digne du thaler[17] [dollar].

(allemand, néerlandais)

Le sot a vite fait de perdre son or. (anglais)

Après celui qui gagne vient celui qui dépense.

(anglais)

Pour utiliser les biens matériels à bon escient, il faut de l'équilibre. Certains sont âpres au gain et en veulent toujours plus:

Il court après la fortune, l'homme au regard cupide,
ignorant que la disette va fondre sur lui. (28,22)

De même ceux qui gaspillent leur argent en quête de plaisirs seront bientôt réduits à la pauvreté:

Restera indigent qui aime le plaisir,
point ne s'enrichira qui aime vin et bonne chère.

(21,17)

Ce sont les gens qui aiment «mener grand train»:

N'encours pas de dépenses excessives
avant d'avoir construit ton entrepôt.

(égyptien, *Onchsheshonqy*)

D'abord le travail, ensuite la fête. (africain)

A penny saved is a penny earned. (anglais)
Un sou est un sou. (français)

---

17   Cf.: «Qui est fidèle pour très peu de chose est fidèle aussi pour beaucoup, et qui est malhonnête pour très peu est malhonnête aussi pour beaucoup» (*Luc* 16,10).

Il est très facile de perdre ses biens, il faut donc en prendre soin:

> *Connais bien l'état de ton menu bétail,*
> *à ton troupeau donne tes soins;*
> *car la richesse n'est pas éternelle,*
> *un trésor ne se transmet pas d'âge en âge.* (27,23-24)

> *Occupe-toi des* pence [*sous*]
> *et les livres s'occuperont d'elles-mêmes.*   (anglais)

> *Il n'y a pas de petites économies.*   (français)

Il est étonnant de constater, cependant, qu'on recommande également le contraire:

> *Il est des prodigues dont la richesse s'accroît;*
> *d'autres amassent sans mesure, et c'est pour s'appauvrir.*
>
> (11,24)

Le proverbe peut vouloir dire que celui qui se montre généreux sera comblé. Il peut aussi correspondre au dicton moderne selon lequel «il faut de l'argent pour faire de l'argent». Il faut prendre le risque d'investir. Plusieurs cultures affirment la même chose:

> *À tout homme qui a, l'on donnera et il aura du surplus;*
> *mais à celui qui n'a pas, on enlèvera même ce qu'il a.*
>
> (*Matthieu* 25,29)

> Waste not, want not.   (anglais)
> *L'économie protège du besoin.*   (français)

> Grab all, lose all.   (anglais)
> *À ne rien sacrifier, on perd tout.*   (français)

> *Qui ne risque rien n'a rien.*   (français)

> *Jamais chiche ne fut riche.*   (français)

Il y a encore un autre point de vue, plus pessimiste celui-là. Il semble que les pauvres, même s'ils font très attention à leur argent, sont dans une situation désespérée. C'est devenu un proverbe dans notre société:

> *Les riches s'enrichissent*
> *et les pauvres s'appauvrissent.*

Étant donné que les riches et les pauvres se côtoient dans la même collectivité, se pose une autre question importante: *comment riches et pauvres se traitent-ils les uns les autres?* Certains riches n'ont pas le moindre respect pour les pauvres:

> *Opprimer le pauvre afin de s'enrichir*
> *et donner au riche, cela mène à la ruine.*   (22,16)

Ces gens-là font le contraire de ce qu'ils devraient faire. Au lieu de donner aux pauvres qui en ont besoin, ils les exploitent et donnent aux riches — sous forme de pots-de-vin ou de cadeaux pour se faire bien voir. Pareil comportement mène à la ruine. Ce que doit faire le riche, c'est partager avec le pauvre:

> *Le juste prend à cœur la cause des pauvres,*
> *le méchant ne sait pas s'y intéresser.*   (29,7)

> *Tu peux donner sans aimer*
> *mais tu ne peux pas aimer sans donner.*   (anglais)

Qui sait partager sera payé de retour.

D'autres, cependant, sont agacés par toute la pauvreté qu'ils voient autour d'eux; ils préfèrent fermer les yeux, mais ils seront maudits pour leur aveuglement volontaire:

> *Béni sera l'homme bienveillant,*
> *car il donne de son pain au pauvre.*   (22,9)

Pour qui donne aux pauvres, pas de disette,
mais qui ferme les yeux sera maudit. (28,27)

Mieux vaut être loué pour sa philanthropie
que d'avoir un trésor dans son grenier.

(égyptien, *Amen-em-ope*)

Qui vient en aide à autrui
se rend service à soi-même. (africain)

La charité n'a jamais appauvri.

(allemand, anglais, français, néerlandais)

L'homme généreux s'enrichit en donnant,
l'avare se ruine à accumuler. (anglais)

La porte qui ne s'ouvre pas par bienfaisance
s'ouvrira pour le médecin. (juif)

Celui qui fait l'aumône est plus grand
que celui qui offre des sacrifices. (juif)

Il est évident que nous avons besoin de biens matériels dans la vie, mais le danger est grand d'en venir à croire que l'argent peut tout acheter. On dit souvent, par exemple, que l'argent ouvre toutes les portes:

La fortune du riche, voilà sa place forte;
haute muraille, pense-t-il. (18,11)

Mais la pauvreté peut pousser les gens à forcer les portes:

L'affamé entrera par effraction
même dans une maison de briques. (sumérien)

Voilà qui nous amène à une autre question sur les biens matériels: *à quoi sert vraiment la richesse?* Il y a bien des choses que l'argent ne peut acheter. En commençant par la sagesse:

À quoi bon de l'argent dans la main d'un sot?
À acquérir de la sagesse? Mais son intelligence est nulle!

(17,16)

De même que Dieu t'a enseigné gratuitement,
toi aussi, tu dois enseigner gratuitement.

(juif, le *Talmud*)

Une once de bon sens
vaut une livre de savoir.   (anglais)

Si l'argent ne peut acheter la sagesse, pourquoi le dépenser à faire étudier les gens, surtout ceux qui n'ont qu'un talent limité pour une discipline donnée? La richesse n'est pas du tout synonyme de la sagesse:

Le riche se prétend sage,
mais un pauvre plein de sens le démasque.   (28,11)

La richesse est souvent trompeuse. Les riches semblent avoir réussi dans la vie, et on leur prête compétence et sagesse. Néanmoins, tout cela peut n'être qu'apparences; ils peuvent être vides à l'intérieur. Une mauvaise surprise attend ceux qui croient que l'argent peut tout dans la vie:

Qui se fie en la richesse s'y abîmera,
les justes verdoieront comme le feuillage.   (11,28)

N'abandonne pas ton cœur à la richesse.

(égyptien, *Amen-em-ope;*
voir *Matthieu* 6,19-21)

Il faut des jambes solides pour porter la richesse.

(allemand, néerlandais)

Le bonheur, on peut y penser, le rechercher, l'attraper,
mais pas l'acheter.   (anglais)

On n'achète pas le bonheur. (français)

Évidemment, la richesse devient parfaitement inutile à l'heure de la mort:

Au jour de la fureur la richesse sera sans profit,
mais la justice délivre de la mort. (11,4)

L'espoir du méchant périt à sa mort,
l'attente des pervers est anéantie. (11,7)

Que sert donc à l'homme de gagner le monde entier
s'il ruine sa propre vie? (Marc 8,36)

L'homme vit avec ses richesses,
il ne meurt pas avec. (africain)

Le vieux riche ne peut pas être enterré en l'air,
mais seulement dans la terre. (africain)

Un marteau doré n'ouvrira pas la porte du ciel.

(anglais)

S'il est vrai que nous avons besoin de biens matériels, ils ne sont pas tout dans la vie. Ce qui fait surgir une autre question: *comment maintenir l'équilibre entre la richesse et les autres choses importantes?* D'autres proverbes montrent clairement que la richesse n'a qu'une valeur relative. Les gens doivent décider de ce qu'ils veulent vraiment dans la vie et bien définir leurs priorités. Tous ces proverbes disent: «Mieux vaut […] que la richesse.»

Si l'on ne peut acheter la sagesse à coups d'argent, la sagesse est supérieure à la richesse:

Mieux vaut acquérir la sagesse que l'or,
l'intelligence que l'argent. (16,16)

Il peut être tentant d'accéder à la richesse par la fraude, mais ce genre de richesse ne procurera jamais le vrai bonheur. Cette richesse-là engendre plutôt des sentiments de culpabilité et d'angoisse. La fraude peut être mise au jour. Il subsiste toujours un élément de crainte. L'honnêteté et la loyauté sont donc préférables à la richesse (19,1.22; 28,6):

> *Mieux vaut peu avec la justice*
> *que d'abondants revenus sans le bon droit.* (16,8)

> *Mieux vaut être pauvre que mauvais.* (anglais)

Bonne réputation vaut mieux que richesse:

> *Le bon renom l'emporte sur de grandes richesses,*
> *la considération, sur l'or et l'argent.* (22,1)

> *Bonne renommée vaut mieux que ceinture dorée.*
>
> (anglais)

La santé est, elle aussi, plus précieuse que la richesse car sans elle on ne peut même pas profiter des biens qu'on possède:

> Health is better than wealth. (anglais)
> *Santé passe richesse.* (français)

> *Qui a santé a tout, qui n'a santé, il n'a rien.*
>
> (français)

L'amour et la paix au foyer sont assurément bien plus désirables qu'une grande richesse:

> *Mieux vaut une bouchée de pain sec et la paix*
> *qu'une maison pleine de festins à disputes.* (17,1)

> *Mieux vaut un morceau de pain le cœur joyeux*
> *que la richesse avec le chagrin.*
>
> (égyptien, Amen-em-ope)

> *Mieux vaut en paix un œuf*
> *qu'en guerre un bœuf.*   (français)

Et surtout, la paix avec Dieu surpasse même la plus grande richesse:

> *Mieux vaut peu avec la crainte de Yahvé*
> *qu'un trésor avec l'inquiétude.*   (15,16)

> *Mieux vaut la pauvreté dans la main de Dieu*
> *que des entrepôts pleins de trésors.*
>
> (égyptien, Amen-em-ope)

> *Mieux vaut un seul boisseau reçu de Dieu*
> *que cinq mille boisseaux volés.*
>
> (égyptien, Amen-em-ope)

Les gens qui s'efforcent d'appliquer cet équilibre pratiquent la *sobriété*. Ils mangent et boivent avec modération:

> *As-tu trouvé du miel? Manges-en à ta faim;*
> *garde-toi de t'en gorger, tu le vomirais.*   (25,16)

> *Qui mange trop ne dormira pas.*   (sumérien)

> *Il ne faut pas vivre pour manger*
> *mais manger pour vivre.*   (anglais)

> *On creuse sa tombe avec ses dents.*   (anglais)

> *La fourchette tue plus de monde que l'épée.* (français)

Il n'est jamais bon d'abuser, même d'une bonne chose:

> *Il n'est pas bon de manger trop de miel,*
> *ni de se laisser prendre aux paroles flatteuses.* (25,27)

Ceux qui en veulent toujours plus ne sont jamais satisfaits. Ceux qui se contentent de ce qu'ils ont, si peu que ce soit, sont heureux:

Gorge rassasiée méprise le miel,
gorge affamée trouve douce toute amertume. (27,7)

Il est plus agréable de vivre dans sa petite maison
que de résider dans le palais d'autrui.

(égyptien, *Onchsheshonqy*)

Le violon emprunté ne termine pas la chanson.

(africain)

La faim ne connaît pas la nuit. (africain)

Qui court après deux choses tombe à l'eau.

(africain)

Le contentement de ce qu'on a
fait partie du bonheur. (africain)

Il n'est plus grande richesse que de se contenter de peu.

(anglais)

La moitié d'une miche vaut mieux que pas de pain.

(anglais)

Je me plaignais de n'avoir pas de chaussures
quand j'ai rencontré quelqu'un qui n'avait pas de pieds.

(anglais)

Heureux celui qui est satisfait de ce qu'il a
et de ce qu'il n'a pas.

(anglais)

La faim est la meilleure des sauces. (anglais)

La faim rend douce l'amertume.

(anglais, néerlandais)

L'expérience nous a appris les graves conséquences de l'abus d'alcool; quelques proverbes conseillent donc la tempérance. L'ivresse provoque un comportement insensé:

> Raillerie dans le vin! Insolence dans la boisson!
> Qui s'y égare n'est pas sage.   (20,1)

> Un archer qui blesse tout le monde,
> tel est celui qui embauche le vagabond ou l'ivrogne.
>
> (26,10; aussi 26,9)

> Plus on boit, plus on a soif.   (Ovide)

> La bière en conduit plus d'un à la bière [tombe]
>
> (anglais)

> Ta maison sera bientôt prospère
> si tu apprends à mesurer la bière.   (anglais)

> Si tu prends le whisky le meilleur,
> c'est lui qui aura sur toi le meilleur.   (anglais)

> La mule du pape ne boit qu'à ses heures.   (français)

Ce que je dis

Un grand nombre de proverbes bibliques concernent la parole: ce que les gens disent ou ne disent pas. Ils évoquent la bouche, la langue ou les lèvres du locuteur, ou alors l'oreille de l'auditeur. Ce thème récurrent de la parole dite et entendue rappelle que les proverbes sont nés de la tradition orale et que la parole prononcée n'a cessé d'occuper une place centrale dans l'histoire de toutes les cultures. Dans plusieurs cultures modernes, par contre, la parole écrite a fini par occuper une place très importante. Écrite ou parlée, la parole peut faire beaucoup, en bien ou en mal.

Certains proverbes réfléchissent sur *ce que sont les mots*. Comme le cœur humain, les paroles sont insondables:

> *Des eaux profondes, voilà les paroles de l'homme:*
> *un torrent débordant, une source de vie.* (18,4)

Les paroles qui remontent du tréfonds de l'esprit humain sont paroles de sagesse, sans prix, plus précieuses que l'or:

> *Il y a l'or et la profusion des perles,*
> *mais la parure précieuse, c'est la parole instruite.*
>
> (20,15)

> *Ne dis pas la première chose qui te vient à l'esprit.*
>
> (égyptien, Onchsheshonqy)

> *Ceux qui parlent beaucoup*
> *ne réfléchissent pas beaucoup.* (africain)

> *Si tu réfléchis deux fois avant de parler,*
> *tu parleras deux fois mieux.*
>
> (anglais)

> *Mal pense qui ne repense.* (français)

Plusieurs proverbes abordent une question très délicate: *quand parler* et *quand se taire*:

> *L'homme avisé cèle son savoir,*
> *le cœur des sots publie leur folie.* (12, 23)

En conversation, les sots ne savent pas se taire. Ils parlent sans relâche, tandis que ceux qui auraient quelque chose à dire ne peuvent intervenir:

> *Qui retient ses paroles possède le savoir,*
> *un esprit froid est un homme entendu.* (17,27)

Les sages peuvent contrôler leur langue et même garder leur sang-froid. C'est si important. Si seulement le sot pouvait faire la même chose, il aurait l'air d'un sage:

> *Même l'insensé, s'il se tait, passe pour sage,*
> *pour raisonnable, s'il ne desserre pas les lèvres.*

(17,28)

Certaines personnes ont tendance à intervenir quand elles ne devraient pas, à répondre ce qu'il ne faut pas ou même à poser la mauvaise question. Elles sont pires qu'idiotes:

> *Tu vois un homme prompt au discours?*
> *Il y a plus à espérer d'un insensé.* (29,20)

Le blabla peut faire un tort considérable aux autres mais, en fin de compte, il risque de discréditer celui qui parle. Aussi des proverbes de toutes les cultures soulignent-ils l'importance du silence:

> *Si tu gardes silence, c'est mieux;*
> *ne réponds pas si tu es agité.*

(égyptien, *Onchsheshonqy*)

> *Mieux vaut garder silence*
> *que de parler précipitamment.*

(égyptien, *Onchsheshonqy*)

> *La bouche est comme un chien,*
> *il faut la mettre à la chaîne.* (africain)

> *Un grand silence fait un bruit puissant.* (africain)

> *La parole est comme l'eau;*
> *une fois répandue, on ne peut plus la reprendre.*

(africain)

Avec les étrangers, silence est prudence.   (anglais)

Le silence en dit long.   (anglais)

Ne laisse pas ta langue te couper la gorge.   (arabe)

La parole est d'argent
mais le silence est d'or.   (français)

Le silence est une clôture autour de la sagesse.   (juif)

Écoute, regarde et tais-toi.   (néerlandais)

L'insensé quand il se mêle aux gens devrait rester coi,
personne ne sait qu'il ne sait rien à moins qu'il ne parle trop.

(norois)

Bien sûr, parler avant d'avoir entendu ce que l'autre a à dire est aussi insensé que malséant :

Qui riposte avant que d'entendre
montre sa folie pour sa confusion.   (18,13)

Ne te presse pas de parler
pour ne pas causer de scandale.

(égyptien, *Onchsheshonqy*)

Le sage n'interrompt pas son interlocuteur
et ne se presse pas de répondre.   (juif)

Mais il y a pire encore. Certaines personnes sont incapables de garder un secret, on ne peut tout simplement pas se fier à elles :

Le bavard révèle les secrets,
un esprit sûr cache l'affaire.   (11,13)

Il y a deux choses qui sont bonnes
et une troisième qui plaît à Dieu :
que celui qui boit du vin le partage,
que celui qui possède la sagesse s'y conforme,
et que celui qui entend une parole ne la divulgue pas.

(araméen, *Ahiqar*)

Un tel n'a pas de poitrine. (africain,
pour dire qu'il ne peut garder un secret)

Personne n'aime tant les secrets
que ceux qui n'entendent pas les garder. (anglais)

Pour certaines personnes, un secret, c'est «quelque chose que vous ne racontez qu'à une personne à la fois»! Malheureusement, les gens qui divulguent les secrets ont souvent tendance aussi à faire circuler des rumeurs. Mieux vaut ne pas leur faire de confidences et ne pas croire ce qu'ils peuvent raconter :

Il révèle les secrets, le bavard,
avec qui parle trop, point de commerce! (20,19)

Ne confie pas ta parole au vulgaire
et évite de te lier avec l'expansif.

(égyptien, *Amen-em-ope*)

Le fait d'avoir une grande gueule dessert le locuteur : si vous parlez trop, vous risquez de perdre vos amis, de vous faire des ennemis ou de vous mettre en difficulté :

Qui veille sur sa bouche garde sa vie,
qui parle trop se perd. (13,3)

*À garder sa bouche et sa langue
on se garde soi-même de l'angoisse.*   (21,23)

*Que tes lèvres soient aussi précieuses
que le trésor d'un homme.*   (akkadien)

Les proverbes nous enseignent qu'il est important de tenir sa langue et de garder les secrets. Mais ils nous enseignent aussi qu'il y a des circonstances dans lesquelles on a l'obligation morale de dénoncer et de témoigner:

*C'est partager avec le voleur, et se faire tort à soi-même,
que d'entendre les plaintes de la victime sans rien dénoncer.*

(29,24)

Il ne s'agit pas seulement de savoir quand parler; il n'est pas moins important de savoir *comment parler*. La première distinction que font les proverbes, c'est que certaines personnes parlent avec *sagesse* tandis que d'autres tiennent des *propos insensés*.

*La bouche du juste produit la sagesse,
la langue perverse sera arrachée.*   (10,31)

Ce qui est remarquable, c'est que les insensés préfèrent étaler leur égarement au lieu de se taire, et qu'ils parlent même quand ils n'ont rien à dire:

*Tout homme avisé agit à bon escient,
le sot étale sa folie.*   (13,16)

*La langue des sages distille le savoir,
la bouche des sots éructe la folie.*   (15,2)

*Le cœur du juste médite avant de répondre,
la bouche des méchants éructe des méchancetés.*

(15,28)

Évidemment, ce que raconte le sot est sujet à caution:

Mal assurées, les jambes du boiteux,
ainsi un proverbe dans la bouche des sots.   (26,7)

Deux proverbes contradictoires décrivent la façon de parler avec l'insensé. Les deux se suivent, ce qui souligne encore le contraste entre leurs avis:

Ne réponds pas à l'insensé selon sa folie,
de peur de lui devenir semblable, toi aussi.   (26,4)

Réponds à l'insensé selon sa folie,
de peur qu'il ne se figure être sage.   (26,5)

Les deux proverbes le montrent bien, il n'est pas facile de traiter avec l'insensé: quoi qu'on fasse, on est toujours perdant. Qu'on réponde et on a l'air aussi fou que lui; qu'on se taise et il aura l'impression d'avoir raison. Il n'y a rien à attendre d'un échange avec le sot, point.

Un fou fait plus de questions
qu'un sage de raisons.   (français)

Quand le sage parle à l'insensé,
ce sont deux sots qui conversent.   (juif)

L'insensé peut poser plus de questions en une heure
que n'en pourront résoudre dix sages en un an.   (juif)

La pire folie de l'insensé,
c'est de se croire sage.   (juif)

Une autre distinction sépare ceux qui disent la *vérité* de ceux qui disent des *mensonges*. Cette différence peut avoir de graves conséquences, bien sûr, en particulier lorsqu'on est appelé à témoigner:

Le témoin véridique ne ment pas,
mais le faux témoin exhale le mensonge. (14,5)

Garde-toi de donner un faux témoignage
et de ruiner ton voisin par tes paroles.

(égyptien, *Amen-em-ope*)

On ne chuchote pas la vérité. (africain)

Les honnêtes gens ne se contentent pas d'éviter le mensonge, ils l'ont en horreur:

Le juste hait les paroles mensongères,
mais le méchant diffame et déshonore. (13,5)

Certaines personnes croient que le mensonge sert leurs intérêts mais, en réalité, le mensonge mène à l'impasse. C'est là une vérité universelle, qu'on retrouve partout:

Faire fortune par les mensonges,
vanité fugitive de gens qui cherchent la mort. (21,6)

Le chemin du mensonge est court. (africain)

Le mensonge mine les relations humaines. Il détruit la confiance et l'amitié. En fait, il peut susciter la haine:

Tel un fou qui lance des traits enflammés,
des flèches et la mort,
tel l'homme qui ment à son compagnon,
puis dit: «C'était pour plaisanter!» (26,18-19)

La langue menteuse hait ses victimes,
la bouche enjôleuse accomplit la ruine. (26,28)

Racontez un mensonge, puis dites la vérité
et les gens y verront un mensonge. (sumérien)

Qui ment une fois, on ne le croit plus. (anglais)

Le mensonge révèle quelque chose d'important au sujet de la personne qui ment: elle a un sérieux problème. Ce qui habite le cœur du menteur n'est pas ce qui sort de sa bouche:

> Un vernis appliqué sur un pot de terre,
> tels sont lèvres douces et cœur mauvais.   (26,23)

> Celui qui hait donne le change par ses propos,
> mais, en son sein, gît la perfidie.   (26,24)

D'ailleurs, le langage corporel peut contredire ce qu'il raconte:

> Qui ferme les yeux médite des fourberies,
> qui pince les lèvres a commis le mal.   (16,30)

Une parole est vraie non seulement quand la personne dit la vérité mais aussi quand elle tient parole. Autrement, même une parole vraie devient trompeuse:

> Nuées et bourrasques, mais pas de pluie!
> Tel est l'homme qui promet royalement mais ne tient pas.
>
> (25,14)

> Il vaut mieux faire ce qu'on a dit
> que dire ce qu'on a fait.   (anglais)

> Les actes sont plus éloquents que les paroles. (anglais)

Nous savons tous quel tort peuvent causer les ragots, les calomnies et les disputes:

> Faute de bois, le feu s'éteint;
> faute de délateur, la querelle s'apaise.   (26,20)

> Du charbon sur les braises, du bois sur le feu,
> tel est l'homme querelleur pour attiser les disputes.
>
> (26,21)

Il y a toujours une raison pour parler d'autrui.

(africain)

Une commère dans un village
est comme une vipère au lit. (anglais)

La troisième langue [calomnie] fait trois victimes:
celui qui parle, celui à qui il parle et celui dont il parle.

(juif)

Et pourtant, les gens continuent d'avaler mensonges et potins:

Les dires du délateur sont de friands morceaux
qui descendent jusqu'au fond des entrailles. (26, 22)

Il arrive que des champignons vénéneux soient savoureux.

(africain)

Qui dit vrai voit les portes se fermer devant lui.

(anglais)

Nous trouvons un autre parallèle entre ceux qui parlent avec *bonté* et ceux qui trompent ou qu'inspire la *colère*:

Les lèvres du juste distillent la bonté,
la bouche des méchants la perversité. (10,32)

La personne secourable saura trouver des mots agréables et consolants, mais le méchant prononce des paroles vides et trompeuses. La bonté peut semer la paix et désamorcer les querelles, tandis qu'une parole dure peut faire grand tort:

Une aimable réponse apaise la fureur,
une parole blessante fait monter la colère. (15,1)

Langue apaisante est un arbre de vie,
langue fourchue brise le cœur. (15,4)

À qui lance une malédiction,
ne renvoie pas la malédiction.
Mais à qui renvoie la malédiction
on répondra par une malédiction. (sumérien)

Petit homme abat grand chêne
et douce parole, grande ire [colère]. (français)

Mettre des gants pour répondre. (français)

Répondre avec douceur détourne la colère.

(néerlandais)

Les paroles de bonté ne sont pas seulement agréables, elles ont un effet thérapeutique:

Les aimables propos sont un rayon de miel:
doux au palais, salutaires pour le corps. (16,24)

Ne prends pas à la légère la parole du roi,
qu'elle soit un baume pour ta chair.

(araméen, Ahiqar)

Certains personnes, les riches en particulier, peuvent se montrer très dures quand elles répondent à une requête légitime. Personne ne devrait se montrer arrogant:

Le pauvre parle en suppliant,
le riche répond durement. (18,23)

On trouve enfin des proverbes qui font l'éloge de l'emploi du mot juste. Quel talent que de savoir quoi dire et à quel moment:

Joie pour l'homme que le don de répartie,
une réponse à propos, comme c'est bon! (15,23)

Mieux vaut l'homme qui garde son opinion pour lui-même
que celui qui fait du tort en parlant.

(égyptien, Amen-em-ope)

Toute vérité n'est pas bonne à dire.   (français)

Ce qu'on dit a beau être vrai, dit au mauvais moment, ça n'aide pas. Une parole déplacée au moment qui semblait opportun peut être tout aussi néfaste. Nous nous sommes tous et toutes retrouvés un jour dans une situation où il nous semblait que nous devions dire quelque chose, pour consoler quelqu'un, par exemple; après coup, nous nous sommes rendu compte que nous avions dit ce qu'il ne fallait pas. Le livre de Job illustre très bien ce dilemme. Les amis de Job avaient peut-être bien analysé sa situation, mais ce qu'ils lui ont dit n'était pas ce qu'il avait besoin d'entendre. À l'inverse, nous savons la valeur d'un bon mot au bon moment:

> *Des pommes d'or sur des ciselures d'argent,*
> *telle est une parole dite à propos.*   (25,11)

Pour savoir dire cette parole «à propos», il faut être profondément attentif aux sentiments et à la situation des autres:

> *Qui à haute voix, dès l'aube, bénit son prochain,*
> *cela lui est compté pour une malédiction.*   (27,14)

> *N'accueille pas avec violence ton ennemi en colère,*
> *et évite d'affliger ainsi ton propre cœur.*

> (égyptien, *Amen-em-ope*)

Plusieurs proverbes réfléchissent sur *ce que les mots peuvent faire.* Plusieurs des proverbes déjà cités ici décrivent les effets de paroles vraies ou bienveillantes, mais il s'en trouve qui donnent beaucoup de relief à cette idée. Les mots peuvent donner la *vie* ou causer la *mort*:

> *Mort et vie sont au pouvoir de la langue!*
> *Ceux qui la chérissent mangeront de son fruit.*

> (18,21)

Ce que nous disons a un impact sur les autres, bon ou mauvais, et de même notre réserve:

> *Source de vie: la bouche du juste,*
> *mais la bouche des méchants recouvre la violence.*

> (10,11)

> *Les sages thésaurisent la science,*
> *mais la bouche du fou est un danger menaçant.*

> (10,14)

> *Pour bien des gens, une bonne parole est un compagnon.*

> (sumérien)

Mais les paroles dites affectent aussi celui qui les prononce:

> *Dans les paroles du fou bourgeonne l'orgueil,*
> *mais les propos des sages les protègent.* (14,3)

Le sage sait comment réagir à la fausse accusation, à la médisance ou au mauvais conseil, tandis que l'insensé s'attire des ennuis par les stupidités qu'il profère:

> *Par le forfait de ses lèvres le méchant est pris au piège,*
> *mais le juste se tire de la détresse.* (12,13)

> *Les lèvres du sot l'attirent en la querelle*
> *et sa bouche appelle les coups.* (18,6)

> *La bouche du sot est sa ruine*
> *et ses lèvres un piège pour sa vie.* (18,7)

> *Les paroles du taciturne ne l'amènent pas en cour.*

> (anglais)

> *On se relève bientôt d'un faux pas*
> *mais peut-être jamais d'un lapsus.* (anglais)

La langue de l'insensé est toujours assez longue
pour lui couper la gorge.   (juif)

Une parole peut *guérir* ou *blesser*, comme nous le savons pour en avoir entendu ou pour en avoir observé les effets sur autrui:

Tel qui parle étourdiment blesse comme une épée,
la langue des sages guérit.   (12,18)

La langue est comme une épée,
et la parole est plus puissante que le combat.

(égyptien, Meri-ka-re)

Ta bouche deviendra un glaive.   (africain)

Chardons et épines égratignent
mais mauvaises langues meurtrissent.   (anglais)

La langue broie les os
même si elle-même n'en a pas.   (anglais)

Nous recevons avec reconnaissance les paroles qui ont le pouvoir de nous *rafraîchir* et qui nous apportent réconfort et encouragement:

La fraîcheur de la neige au fort de la moisson!
Tel est un messager fidèle pour qui l'envoie. (25,13)

De l'eau fraîche pour une gorge altérée,
telle est la bonne nouvelle venant d'un pays lointain.

(25,25)

Les bonnes paroles désaltèrent plus que l'eau froide.

(anglais)

Un bon mot ne coûte rien et a une grande valeur.

(anglais)

Enfin, les paroles vraies *durent* alors que les mensonges ne résistent jamais à l'épreuve du temps:

> *La langue sincère est affermie pour jamais,*
> *mais pour un instant la langue trompeuse.* (12,19)

Au fond, nous espérons que la vérité l'emportera sur le mensonge.

> *La vérité est le sceau de Dieu, et,*
> *comme elle partage sa nature, elle subsistera.* (juif)

> *La vérité demeure,*
> *le mensonge ne demeure pas.* (juif)

Ce que je fais

Plusieurs des proverbes qui précèdent parlent aussi de nos actes et de notre comportement, mais quelques-uns traitent plus particulièrement de ce problème. Plusieurs affirment, en fait, que *comme nous traitons les gens, ils nous traiteront*:

> *Qui vise au bien recherche la faveur,*
> *qui poursuit le mal l'atteindra.* (11,27)

> *Qui ferme l'oreille à l'appel du pauvre*
> *criera, lui aussi, sans qu'on lui réponde.* (21,13)

On récolte ce qu'on a semé et on obtient en retour ce qu'on a donné. La chose fait tellement partie de l'expérience humaine commune que nombre de cultures reprennent la même idée:

> *Qui sème le vent récolte la tempête.* (français)

> *Pour qui crache au ciel, cela lui retombe sur le visage.*
>
> (latin médiéval)

On finit toujours par avoir ce qu'on a mérité.

(néerlandais)

Le mal tourne mal. (turc)

Ce qui ne veut pas dire, toutefois, que nous devons traiter les autres comme ils nous ont traités; un proverbe tiré du Recueil des sages du livre des Proverbes (22,17–24,34) nous exhorte à ne pas céder à l'instinct de vengeance:

Ne dis pas: «Comme il m'a fait, je lui ferai!
À chacun je rendrai selon son œuvre.» (24,29)

Qui agit mal est pris au piège de ses mauvais desseins:

Qui se conduit droitement sera sauf,
mais qui tente de louvoyer tombera dans la fosse.

(28,18)

Nul ne peut secourir celui qui creuse sa propre fosse.

(africain)

C'est encore plus vrai quand on projette de s'en prendre à autrui:

Qui fourvoie dans le mauvais chemin les gens droits
en sa propre fosse tombera. (28,10)

Qui creuse une fosse y tombe,
qui roule une roche, elle revient sur lui. (26,27)

Il semble y avoir là une loi inhérente à l'existence humaine. Troublez l'ordre de la nature, et il s'imposera de nouveau. Ce dernier proverbe biblique renvoie à une vérité qui paraît si évidente que le proverbe a été repris tel quel par plusieurs cultures:

Qui creuse une fosse pour un autre
y tombe lui-même. (néerlandais)

De nombreuses cultures ont reformulé la même idée dans leurs propres mots:

> *Qui ébranle une roche,*
> *elle lui tombera sur le pied.*

(égyptien, Onchsheshonqy)

> *Qui fait le bien, se le fait à lui-même;*
> *qui fait le mal, se le fait à lui-même.*   (africain)

> *Qui tend un piège ne peut pas se plaindre*
> *s'il y tombe lui-même.*   (africain)

> *Comme on fait son lit, on se couche.*   (anglais)

> *Qui casse les verres les paie.*   (français)

> *Du bâton que l'on tient on est souvent battu.*

(français)

Les proverbes sur la richesse et la pauvreté cités ci-dessus montrent qu'il faut travailler pour obtenir les biens matériels dont on a besoin ou qu'on veut avoir. Plusieurs proverbes soulignent la *nécessité du travail* et le *danger de la paresse*:

> *Main nonchalante appauvrit,*
> *main diligente enrichit.*   (10,4)

> *Le chasseur indolent ne capture pas de gibier,*
> *ceux qui sont diligents engrangent une moisson abondante.*

(12,27)

> *N'aime pas à somnoler, tu deviendras pauvre;*
> *tiens les yeux ouverts, tu auras ton soûl de pain.*

(20,13)

> *Tant qu'un homme ne se sera pas épuisé à la tâche,*
> *il ne gagnera rien.*   (akkadien)

Laboure les champs
afin de subvenir à tes besoins.

(égyptien, *Amen-em-ope*)

Le fagot se ramasse une brindille la fois. (africain)

Les gagnants ne lâchent jamais,
les lâcheurs ne gagnent jamais. (anglais)

Bien sûr, nul n'est expert en tout. Et bon nombre de proverbes de diverses cultures enseignent que, pour réussir, il faut s'en tenir au domaine qu'on connaît:

Ne montre pas la mer à l'Araméen
ni le désert au Sidonien
car ce n'est pas leur métier. (araméen, *Ahiqar*)

Le berger ne doit pas jouer au fermier. (sumérien)

Au cultivateur de cultiver la terre,
au moissonneur de récolter l'orge. (sumérien)

Cordonnier, soigne tes souliers.

(anglais, français, néerlandais)

Chacun son métier. (français)

Trente-six métiers, trente-six misères. (français)

Même si d'autres facteurs peuvent entraîner richesse ou pauvreté, tous ces proverbes évoquent une vérité qui s'impose à la plupart des gens: il faut travailler pour vivre. Il est vrai aussi que l'instinct de survie nous pousse au travail:

L'appétit du travailleur travaille pour lui
car l'exigence de sa bouche le presse. (16,26)

La misère apprend à travailler. (africain)

Certains sont de grands rêveurs, mais les rêves ou les vœux pieux ne suffisent pas. Il faut travailler, et souvent trimer dur:

> *Qui cultive sa terre sera rassasié de pain,*
> *qui poursuit les chimères est dépourvu de sens.*
>
> (12,11; voir 28,19)

> *Le paresseux attend, mais rien pour sa faim;*
> *les diligents sont rassasiés.* (13,4)

> *Si tu plantes un arbre et que tu l'arroses chaque jour,*
> *tu pourras un jour t'asseoir à son ombre.* (africain)

> *Celui à qui le gros travail fait peur*
> *ne sera jamais un chef.* (africain)

> *On n'a rien sans peine.* (français)
> No pain, no gain. (anglais)

> *Celui qui n'a pas travaillé ne mangera pas.* (juif)

D'autres sont de beaux parleurs mais, encore une fois, il s'agit d'agir:

> *Du fruit de ses paroles, chacun tire du bien en abondance*
> *et recueille le salaire de son travail.* (12,14)

> *Tout labeur donne du profit,*
> *le bavardage ne produit que la disette.* (14,23)

> *«J'irai aujourd'hui», dit le berger;*
> *«j'irai plus tard», dit le jeune bouvier;*
> *mais en répétant «j'irai», il laisse le temps filer.*
>
> (sumérien)

> *«J'y vais» n'a pas encore fait le premier pas.*
>
> (africain)

106

Il est plus facile de dire que de faire.

(anglais, néerlandais)

*Mieux vaut le plus humble geste concret
que la plus grandiose des bonnes intentions.* (anglais)

*C'est une chose de parler,
c'en est une autre d'agir.* (anglais)

*On a plus d'influence sur les autres par ce qu'on fait
que par ce qu'on dit.* (anglais)

Les grands diseurs ne sont pas les grands faiseurs.

(français)

Grand parleur, petit faiseur. (français)

Du dire au faire, il y a au milieu la mer. (italien)

Il faut réfléchir avant d'agir. Agir avec précipitation ou décider sans avoir réfléchi, c'est courir à l'échec. User de prévoyance, c'est faire preuve de prudence.

*Où manque la réflexion, le zèle n'est pas bon,
qui presse le pas se fourvoie.* (19,2)

*L'homme diligent réfléchit et ne trouve que profit,
pour qui se presse, rien que la disette.* (21,5)

Presque toutes les cultures ont appris par expérience que la précipitation ne sert de rien:

Le fruit qui mûrit trop vite apporte des problèmes.

(sumérien)

Une chienne pressée met bas des chiots aveugles.

(africain)

«Vite! Vite!» n'apporte aucune bénédiction.

(africain)

Qui va doucement, va sûrement. (français)

Hâtez-vous lentement. (français)

Qui trop se hâte reste en chemin. (français)

Rien ne sert de courir, il faut partir à point.

(français)

N'aie pas peur d'aller lentement;
crains de rester immobile. (japonais)

Des proverbes de partout à travers le monde reprennent la même idée en exhortant à la prudence:

Ne jette pas l'eau de ta gourde pour un mirage.

(arabe)

Lentement et sûrement,
c'est la meilleure façon. (africain)

Qui n'a qu'un orteil
prend garde de ne pas se le cogner. (africain)

La prudence est la mère de la sagesse. (allemand)

Regarde avant de sauter. (anglais)

Un faux pas peut prévenir une chute. (anglais)

La prudence engendre la sécurité. (anglais)

Prudence est mère de sûreté. (français)

Ne t'aventure pas sur la glace qui s'est formée la nuit dernière.

(néerlandais)

La prudence est la mère du magasin de porcelaine.

(néerlandais)

On ne contrôle pas parfaitement son destin mais on peut néanmoins accomplir des prouesses étonnantes. Cette idée revient dans de nombreux proverbes:

Ils en sont capables parce qu'ils croient qu'ils en sont capables.

(latin, *Virgile*)

Ce que peut croire l'esprit, il peut l'accomplir.

(anglais)

*Vous ne savez pas ce dont vous êtes capables
tant que vous n'avez pas essayé.* (anglais)

Quand on veut, on peut. (français)

Le travail est une chose importante et nécessaire, mais les gens avisés savent qu'il ne sert de rien de se hâter. Nous devons faire preuve de prudence. Mais nous avons aussi besoin de repos. Le travail à outrance ne vaut rien.

Un arc ne peut rester toujours tendu.

(allemand, français, néerlandais)

Travailler sans jamais s'amuser rend Jack insipide.

(anglais)

Un arc tendu longtemps perd de sa force. (anglais)

Le changement est aussi bienfaisant que le repos.

(anglais)

*Choisis un emploi que tu aimes
et tu n'auras pas besoin de travailler de ta vie.*

(chinois)

Il ne faut pas brûler la chandelle par les deux bouts.

(français)

Ce que tu as le pouvoir de faire,
tu as le pouvoir de ne pas le faire.   (grec, Aristote)

On recommande le changement et la variété :

Pour qui vient de courir,
il est agréable de s'asseoir,
mais pour qui est resté assis
il est agréable de se mettre debout.

(égyptien, Onchsheshonqy)

Les habitudes sont des toiles d'araignée
avant de devenir des chaînes.   (anglais)

La variété est le sel de la vie.   (anglais)

Certains des proverbes qu'on vient de citer opposent le gros travail à la paresse tandis que d'autres ne mentionnent que l'importance du travail. Il y a aussi de nombreux proverbes qui ne parlent que de la paresse, pour dire la même chose, comme on pouvait le prévoir. Aussi certaines personnes estiment-elles qu'il est stupide de travailler fort :

Le paresseux est plus sage à ses propres yeux
que sept experts avisés.   (26, 16)

Qui bâtit, pâtit.   (français)

En fait, les oisifs se font du tort à eux-mêmes. Et ils passent à côté des bonnes choses de la vie :

La paresse fait choir dans la torpeur,
l'âme nonchalante aura faim.   (19,15)

L'eau arrêtée devient impure.   (géorgien)

Il est probable qu'un jour le paresseux regrettera son oisiveté, mais il sera trop tard. Il aura raté sa chance.

> À l'automne, le paresseux ne laboure pas;
> à la moisson, il cherche, et rien! (20,4)

> Celui qui ne ramasse pas de bois à l'été
> ne sera pas au chaud en hiver.
>
> (égyptien, *Onchsheshonqy*)

> La récolte est une triste saison pour le paresseux.
>
> (africain)

> Le paresseux se gave de sommeil
> mais il se gave aussi de misère. (africain)

> Il pleut de l'or
> et le paresseux continue de dormir. (africain)

> Les paresseux n'ont pas de temps libre. (anglais)

> La paresse est la mère de la pauvreté. (anglais)

Au bout du compte, la paresse détruit complètement la dignité humaine:

> Quiconque est paresseux à l'ouvrage
> est déjà le frère du destructeur. (18,9)

> Les désirs du paresseux causent sa mort,
> car ses mains refusent le travail. (21,25)

Plusieurs proverbes soulignent la stupidité du paresseux. Ce sont quelques-uns des proverbes les plus humoristiques des deux recueils salomoniques. (*Proverbes* 10,1-22; 16 et 25,1-28; 27). Le paresseux n'a aucune volonté:

> *Le paresseux plonge la main dans le plat*
> *mais ne peut même pas la ramener à sa bouche.*

> (19,24)

Un autre proverbe est presque identique à celui-là mais explique par la fatigue le peu d'intérêt que le paresseux accorde à la nourriture. On se demande ce qui a bien pu l'épuiser!

> *Le paresseux plonge la main dans le plat:*
> *rien qu'à la ramener à la bouche, il se fatigue.* (26,15)

Le paresseux se trouve toujours de bonnes excuses pour ne pas travailler, mais elles sont si ridicules que les gens ne peuvent que se moquer de lui:

> *Le paresseux dit: «Un lion dehors!*
> *Dans la rue je vais me faire tuer.»*　　　(22,13)

> *«Un lion sur la route, dit le paresseux,*
> *un lion sur la place!»*　　　(26,13)

Plusieurs cultures ont des proverbes drôles ou même sarcastiques à propos des personnes oisives:

> *Le paresseux est fatigué*
> *et fait comme si le manche de la binette était cassé.*

> (africain)

> *Le paresseux dit qu'il aura mal à la tête demain.*

> (africain)

> *Un esprit oisif est la boutique du diable.*　　　(anglais)

L'oisiveté est la mère de tous les vices.   (français)

La paresse est l'oreiller du diable.   (néerlandais)

Les paresseux ne travaillent pas tout simplement parce qu'ils préfèrent leur lit:

Sur ses gonds tourne la porte
et, sur son lit, le paresseux.   (26,14)

Mais celui qui passe sa vie au lit n'aboutira pas à grand-chose. Tout le monde le sait — c'est un fait d'expérience universelle:

C'est l'oiseau matinal qui attrape le ver.   (anglais)

Coucher tôt et lever matin
procurent santé, richesse et sagesse.   (anglais)

L'avenir appartient à qui se lève matin.   (français)

Coucher de poule et lever de corbeau
écartent l'homme du tombeau.   (français)

2. Ma relation aux autres

Plusieurs des proverbes étudiés dans le chapitre consacré à ma relation à moi-même concernent aussi les rapports à autrui. Ce que nous sommes, ce que nous possédons, ce que nous disons et ce que nous faisons ne peut manquer d'influencer les autres. L'amour ou la haine impliquent d'autres personnes. La façon dont les riches utilisent leurs biens a un impact sur les pauvres. Celui qui parle, parle à quelqu'un. Cette deuxième partie regroupe des proverbes qui portent plus particulièrement sur certains rapports humains importants.

Jeunes et vieux

Toute société compte des jeunes et des personnes âgées. Deux proverbes tirés du premier recueil salomonien (*Proverbes* 10,1–22,16) décrivent ces deux étapes de la vie humaine. Voici le premier:

> *Cheveux gris, couronne d'honneur;*
> *sur les chemins de la justice on la trouve.*   (16,31)

Ce proverbe exprime la conviction de l'Ancien Testament que le grand âge est la récompense obtenue pour une vie honnête et vertueuse. Les gens croyaient que les méchants mouraient jeunes. Les personnes âgées ont davantage d'expérience et sont considérées comme plus sages. Les cheveux gris sont donc bien une couronne d'honneur: symbole de vieillesse, mais aussi de vertu, d'expérience et de sagesse. Les personnes âgées, à moins d'être atteintes de sénilité, n'étaient donc pas regardées comme dépassées. Les anciens étaient hautement respectés et fréquemment consultés. Plusieurs cultures partagent ce même respect pour le grand âge:

> *Ne méprise pas le vieillard dans ton cœur.*

> (égyptien, Onchsheshonqy)

> *Ne manque pas de respect à la personne âgée,*
> *tu pourrais un jour être un vieillard.*   (africain)

> *Aucun homme avisé ne souhaite être plus jeune.*

> (anglais)

> *On ne plante pas une vieille tête sur de jeunes épaules.*

> (anglais)

D'autre part, il faut reconnaître que les jeunes aussi ont quelque chose à offrir à la collectivité. Eux aussi, par conséquent, ont droit au respect et à l'honneur. Voici donc notre second proverbe salomonien et quelques parallèles d'autres cultures:

> *La parure des jeunes gens, c'est leur vigueur,*
> *l'ornement des vieillards, c'est leur tête chenue.* (20,29)

> *Ne dis pas «jeune homme» à un adulte.*
>
> (égyptien, Onchsheshonqy)

> *Le vieillard distrait n'a pas compris*
> *que le jeune homme a grandi.*   (africain)

> *Si jeunesse savait, si vieillesse pouvait.*   (français)

> *Jeune homme oisif, vieillard nécessiteux.*   (italien)

> *La construction des jeunes est destruction,*
> *la destruction des vieux est construction.*   (juif)

L'autorité et les sujets

Dans toutes les sociétés il y a des gens qui exercent l'autorité sur les autres: le père ou la mère sur l'enfant, l'enseignant sur l'étudiant, le maître sur le serviteur, ou tout autre «supérieur» sur un «inférieur».

Toute nation, toute collectivité a besoin de dirigeants honnêtes et avisés. Les gens le savent, partout dans le monde, et leurs proverbes le disent:

> *Faute de direction un peuple décline,*
> *le succès tient au grand nombre de conseillers.* (11,14)

> *Si les chefs sont sages,*
> *le peuple, lui aussi, est sage.*   (africain)

> *L'autorité royale est là pour protéger les faibles.*
>
> (africain)

Quand le chef boitille,
tous ses sujets boitillent aussi.   (africain)

Le peuple a les leaders qu'il mérite.   (anglais)

Les personnes, elles aussi, ont besoin du soutien de l'autorité. Celui qui demande conseil à diverses personnes avant de prendre une décision importante sera plus susceptible de réussir dans la vie :

Faute de délibération les projets échouent ;
grâce à de nombreux conseillers ils prennent corps.

(15,22)

Les leaders, bien sûr, doivent être honnêtes :

L'autorité commence par le respect de soi-même.

(africain)

S'ils ne sont pas eux-mêmes engagés et déterminés, on pourra leur appliquer l'observation sarcastique que voici :

Les meilleurs hommes de barre sont sur la plage.

(néerlandais)

Les personnes en autorité doivent être capables de donner des *conseils*. Les sages sont disposés à les accepter, tandis que ceux qui croient n'en avoir pas besoin sont insensés :

L'insensé juge droite sa propre voie,
mais le sage écoute les conseils.   (12,15)

Un bon conseil n'a pas de prix.   (anglais)

Il est frustrant d'avoir affaire à quelqu'un dont l'idée est déjà faite, qui croit tout savoir et qui se montre arrogant. Le sage garde un esprit ouvert, il est disposé à changer d'avis et à accueillir des idées nouvelles :

> *L'insolence n'engendre que la dispute,*
> *la sagesse réside chez ceux qui prennent conseil.*

(13,10)

> *C'est le conseil dont on a le plus grand besoin*
> *auquel on prête le moins d'attention.*   (anglais)

Parfois, les personnes en autorité offrent plus que des conseils: elles donnent des *ordres*. La société comme les individus ont besoin de règles. Mais les ordres, tout comme les conseils, suscitent diverses réactions. Ceux qui acceptent les ordres sont avisés, puisque les directives leur seront utiles, mais ceux qui les ignorent sans façon sont insensés. C'est là une attitude autodestructrice:

> *L'esprit sensé accepte les ordres,*
> *le sot bavard court à sa perte.*   (10,8)

> *Qui méprise la parole se perdra,*
> *qui respecte le commandement sera sauf.*   (13,13)

Personne n'est parfait. Il est inévitable qu'à certains moments des gens ne suivent pas un bon conseil. Ils désobéissent aux ordres et font ce qu'ils ne devraient pas:

> *Quand le chat n'est pas là, les souris dansent.*

(français)

Les personnes en autorité pourront éprouver le besoin de *châtier* ou de corriger ceux qui leur ont été confiés. Plusieurs proverbes de toutes les cultures réfléchissent à cet aspect délicat de l'exercice de l'autorité. La critique, l'avertissement ou le reproche peuvent être humiliants, mais ils sont bénéfiques et nécessaires. Ici encore, qui accepte la correction est sage, qui rejette la réprimande est insensé et se rend un bien mauvais service:

> Qui chérit la discipline chérit le savoir,
> qui répugne à la réprimande est stupide. (12,1)

> L'oreille attentive à la réprimande salutaire
> a sa demeure parmi les sages. (15,31)

> Il n'y a pas de pire sourd
> que celui qui ne veut pas entendre. (anglais)

> La vérité n'a jamais blessé personne. (anglais)

La personne qui accepte la correction n'est pas seulement bien avisée, elle grandira en sagesse:

> Qui abandonne la discipline se méprise soi-même,
> qui écoute la réprimande acquiert du sens. (15,32)

Pareille attitude permet de s'améliorer. La discipline est enrichissante:

> Misère et honte à qui abandonne la discipline,
> honneur à qui observe la réprimande. (13,18)

> Un anneau d'or ou un joyau d'or fin,
> telle une sage réprimande à l'oreille attentive. (25,12)

La correction remet la personne sur la bonne voie, alors que celui qui la refuse court à sa perte:

> Celui qui observe la discipline chemine vers la vie
> mais celui qui méprise l'avertissement s'égare. (10,17)

> Sévère correction pour qui s'écarte du chemin:
> qui hait la réprimande mourra. (15,10)

> Celui qui se rebiffe sous les reproches
> sera brisé soudain et sans remède. (29,1)

Il arrive, bien sûr, que certaines personnes comprennent parfaitement ce qui leur est dit mais n'en tiennent pas compte. Les mots ne suffisent pas:

> On ne corrige pas un esclave avec des mots:
> même s'il comprend, il n'obéit pas. (29,19)

> On vous adresse parfois un petit mot
> pour vous demander de faire quelque chose;
> si vous ne le faites pas,
> les semonces s'ensuivent. (africain)

Le proverbe biblique suggère que certaines personnes (un esclave rebelle, par exemple) n'entendent jamais raison. Il n'y a plus d'autre recours que la force. Plusieurs proverbes traitent donc de souffrance et de châtiment corporel. Nous pouvons ne pas approuver, mais il faut replacer cette pratique dans le contexte de l'époque. On trouvera des proverbes semblables dans plusieurs cultures.

> Sur les lèvres de l'homme avisé se trouve la sagesse,
> sur le dos de l'homme insensé, le bâton. (10,13)

> Le bâton est fait pour les railleurs,
> les coups pour l'échine des sots. (19,29)

> Les plaies d'une blessure sont un remède contre le mal,
> les coups guérissent jusqu'au tréfonds de l'être.
> (20,30)

> Le fouet au cheval, à l'âne la bride,
> pour l'échine des sots, le bâton! (26,3)

> Des coups pour le serf
> et pour tous tes esclaves, la discipline.
> (araméen, Ahiqar)

Si quelqu'un te donne une raclée,
ne regarde pas celui qui te bat
mais essaie de savoir pourquoi il le fait.   (africain)

On ne polit pas la pierre précieuse sans friction
et la personne ne s'améliore pas sans épreuve.

(chinois)

Quand un homme voit la souffrance fondre sur lui,
il devrait scruter de près ses actions.   (juif)

Au sage une allusion,
à l'insensé un coup.   (juif)

Le châtiment corporel est moins souhaitable que la réprimande mais pour les idiots endurcis, semble-t-il, ce sera le seul langage qu'ils entendront:

Un reproche fait plus d'impression sur l'homme de sens
que cent coups sur le sot.   (17,10)

Mieux vaut la persuasion que la force.   (anglais)

Parfois, même le châtiment corporel ne donne aucun résultat; il n'y a rien à attendre de certains imbéciles:

Quand tu pilerais au mortier l'insensé,
sa folie ne se séparerait pas de lui.   (27,22)

Ne te laisse pas désarçonner par un sot.

(égyptien, Onchsheshonqy)

L'ivrogne dessoûle mais le sot reste sot.   (juif)

Les proverbes qui précèdent décrivent l'effet de la discipline sur la personne qui la reçoit. D'autres réfléchissent à ce qu'elle provoque chez celui qui l'impose. Il n'est pas facile pour la personne en autorité de savoir quand et comment intervenir. Certains supérieurs n'ont pas le courage d'agir et ils renoncent à prendre leurs responsabilités par crainte de perdre un ami ou d'être plus tard l'objet de représailles. Mais en fermant ainsi les yeux, ils négligent leurs responsabilités et ne rendent pas plus service à leur sujet qu'à eux-mêmes. Quelle qu'en soit la difficulté, une saine réprimande engendre la paix:

> *Qui regarde en dessous donne du tourment,*
> *qui réprimande en face procure l'apaisement.* (10,10)

Celui qui a le courage de parler clair pourra être rejeté dans un premier temps, mais les gens finiront bien par lui en savoir gré:

> *Qui reprend autrui trouvera faveur à la fin,*
> *plus que le flatteur.* (28,23)

> *Si dès l'enfance on gâte son esclave*
> *il deviendra finalement ingrat.* (29,21)

Il n'est certainement pas facile de bien exercer l'autorité:

> *L'autorité [le pouvoir] est la queue du rat d'eau*
> *[ce petit animal perd facilement sa longue queue].*
>
> (africain)

Les sujets sont souvent réprimandés et punis, mais il arrive aussi qu'on les complimente. Voilà qui exige aussi du discernement. Il y a une différence, par exemple, entre la louange, qui est sincère, et la flatterie, qui ne l'est pas. Et il ne faut pas que les éloges nous montent à la tête:

> *Il y a le creuset pour l'argent, le fourneau pour l'or:*
> *à l'homme d'éprouver la parole des flatteurs.* (27,21)

L'homme et la femme

Les relations homme-femme, et en particulier les rapports entre mari et femme, sont cruciales dans toutes les sociétés. La plupart des proverbes bibliques comme la plupart des proverbes des autres cultures abordent cette question du point de vue de l'homme, à des lieues de la conception moderne de l'égalité entre les hommes et les femmes. Je me permettrais toutefois d'avancer que ce qu'on dit des femmes dans plusieurs de ces proverbes peut fort bien s'appliquer aux hommes.

Les gens sèment parfois la discorde dans leur famille. Ils récolteront ce qu'ils ont semé: une petite difficulté peut déclencher un orage. Le proverbe que voici s'applique sûrement aussi bien au mari qu'à l'épouse:

> *Qui laisse sa maison en désordre hérite le vent,*
> *et l'insensé devient esclave du sage.*   (11,29)

Plusieurs proverbes insistent sur l'importance pour l'homme de se trouver une épouse assortie:

> *«Il n'est pas bon que l'homme soit seul.»*
>
> (Genèse 2,18)

> *Celui qui a honte de se tenir avec sa femme*
> *n'aura pas d'enfants.*   (égyptien, Onchsheshonqy)

> *Une bonne épouse et la santé*
> *sont le plus grand trésor de l'homme.*   (anglais)

> *Ainsi va la vie sans épouse.*   (anglais)

> *Ne te hâte pas de lier ce que tu ne pourras plus délier.*
>
> (anglais)

> *Les deux montants de la porte doivent être du même bois.*
>
> (chinois)

> *Qui loin va se marier*
> *sera trompé ou veut tromper.* (français)

> *Fiançailles vont en selle et repentailles en croupe.*
> *On se marie promptement puis on se repent à loisir.*
> (français)

> *Chaque chaudron trouve son couvercle.*
> (français, néerlandais)

> *Prends chaussure de ton pays,*
> *même si elle est rapiécée.* (grec)

> *Mieux vaut épouser un homme pauvre dans son village*
> *qu'un homme riche ailleurs.* (vietnamien)

Mais voici un proverbe qui contredit deux des proverbes précédents:

> *Heureuses les fréquentations qui aboutissent rapidement.*
> (anglais)

Il est si important de trouver une conjointe ou un conjoint bien assorti qu'il ne peut être regardé que comme un don de Dieu:

> *Trouver une femme, c'est trouver le bonheur,*
> *c'est obtenir une faveur de Yahvé.* (18,22)

> *Une maison et du bien: héritage paternel,*
> *mais une femme discrète est un don de Yahvé.* (19,14)

> *Si une femme s'entend avec son mari,*
> *c'est la volonté de Dieu.*
> (égyptien, Onchsheshonqy)

> *Le diable fait la marmite, pas le couvercle.* (français)

Le dernier proverbe biblique indique qu'une épouse doit avoir des qualités particulières. Tous les proverbes à ce sujet soulignent que les qualités intérieures sont plus précieuses que la beauté extérieure. L'importance de la discrétion, signalée ci-dessus, ressort d'un autre proverbe:

> *Un anneau d'or au groin d'un pourceau:*
> *une femme belle, mais dépourvue de tact.*   (11,22)

> *Une bonne épouse d'excellent caractère*
> *est comme le pain qui arrive en période de famine.*
>
> (égyptien, Onchsheshonqy)

> *Quand tu épouses une belle femme,*
> *tu épouses des problèmes.*   (africain)

> *La beauté est à fleur de peau.*   (anglais)

> *Fie-toi à ton oreille plus qu'à ton œil*
> *pour choisir ta femme.*   (anglais)

> *La fleur la plus belle n'est pas toujours la plus douce.*
>
> (anglais)

> *Une belle chaussure meurtrit souvent le pied.*
>
> (anglais)

> *Même laide, la femme vertueuse*
> *est l'ornement de la maison.*   (anglais)

> *La plus belle fille au monde ne peut donner que ce qu'elle a.*
>
> (français, Chamfort)

La bonne épouse est gracieuse et bienveillante, non agressive et non violente. La vie en sa compagnie sera paisible et harmonieuse:

> *Une femme gracieuse acquiert la gloire,*
> *et les violents acquièrent la richesse.* (11,16)

> *Si une femme est en paix avec son mari,*
> *ils s'en tireront toujours bien.*
>
> (égyptien, *Onchsheshonqy*)

> *Si une femme murmure contre son mari,*
> *ils s'en tireront toujours mal.*
>
> (égyptien, *Onchsheshonqy*)

La femme idéale devrait aussi être compétente:

> *Une femme compétente est la couronne de son mari,*
> *mais une femme éhontée est une carie dans ses os.*
>
> (12,4)

Le livre des Proverbes contient un poème dont chaque vers commence par une lettre différente de l'alphabet hébreu. Le texte décrit la femme parfaite et la façon dont elle soutient son mari (31,10-31). On retrouve un portrait analogue dans les proverbes de diverses cultures:

> *L'épouse qui partage la richesse de son mari*
> *est une épouse fidèle à son mari.*
>
> (égyptien, *Ptah-hotep*)

> *Quand une femme n'a pas à cœur l'avoir de son mari,*
> *c'est qu'elle a un autre homme en tête.*
>
> (égyptien, *Onchsheshonqy*)

> *On ne fait jamais bien la cuisine pour une femme*
> *qui fait à manger tous les jours.* (africain)

Derrière chaque grand homme, il y a toujours une femme.

(anglais)

*Mieux vaut être la servante d'un homme riche
que l'épouse d'un pauvre.* (indien)

Bien sûr, la femme doit aussi être sage:

*Une femme sage a construit sa maison,
mais une folle peut la renverser de ses propres mains.*

(14,1)

La femme sage est une bénédiction pour la maison.

(égyptien, Onchsheshonqy)

*Les hommes font les maisons
mais les femmes font les foyers.* (anglais)

Ces proverbes énumèrent les qualités d'une bonne épouse par opposition à la femme violente, éhontée et insensée. Quelques autres traitent des comportements qui peuvent assombrir ou même détruire un mariage. Certaines femmes (et, bien sûr, certains hommes aussi), irritables et colériques, ne cessent de critiquer et de chercher querelle. Ces personnes ne sont jamais satisfaites et se plaignent sans arrêt:

*Un fils insensé est une calamité pour son père,
les criailleries d'une femme sont une gargouille
qui ne cesse de couler.* (19,13)

*Gargouille qui ne cesse de couler un jour de pluie
et femme acariâtre sont pareilles.
Qui la détient détient le vent
et sa droite saisit de l'huile.* (27,15-16)

Qu'une mégère devienne une femme exemplaire,
et c'est la fin des querelles. (africain)

Deux épouses, ce sont deux marmites pleines de poison.
(africain)

C'est un ange dans la rue et un diable à la maison.
(anglais)

Même si ces proverbes ne parlent que des femmes et des épouses, ils peuvent tout aussi bien s'appliquer aux hommes. Par contre,

La femme enjouée illumine la vie. (anglais)

Impossible de traiter avec une épouse qui s'emporte continuellement; la seule chose à faire, c'est de la laisser tranquille jusqu'à ce qu'elle se soit calmée. Mieux vaut rester seul que d'être obligé de vivre avec elle:

Mieux vaut habiter à l'angle d'un toit
que faire maison commune avec une femme acariâtre.
(21,9; voir 25,24)

Mieux vaut vivre au désert
qu'avec une femme acariâtre et chagrine. (21,19)

L'eau, la fumée et une femme vicieuse
chassent l'homme de la maison. (anglais)

Trois choses rendent la maison inhabitable:
tak *(le toit qui coule),* nak *(les cris de la mégère)*
et bak *(les punaises).* (arabe)

Les deux partenaires doivent se montrer réalistes, accepter l'autre comme il est et ne pas trop exiger:

> *Mari, ne vois rien!*
> *Femme, fais l'aveugle!*   (anglais)

Il faut éviter à tout prix la femme adultère. Même si elle représente un grave danger, certains hommes s'y laissent prendre:

> *La bouche de la femme adultère est une fosse profonde;*
> *y tombe celui que Yahvé déteste.*   (22,14)

> *Même avec une dot de cent mille roupies,*
> *celle qui n'est plus vierge*
> *ne sera pas accueillie dans la grande famille.*
>
>   (indien)

Parents et enfants

Un homme peut être un mari et une femme, une épouse, mais ils ne vivent pas que pour eux-mêmes. Selon la tradition, ils seront aussi les père et mère de leurs enfants. La relation parent-enfant est une autre dimension fondamentale de la vie humaine. Une bonne partie de ce qui est dit des jeunes et des vieillards, des personnes en autorité et des sujets, s'applique à cette relation, mais il y a également plusieurs proverbes qui portent précisément sur le lien familial.

La relation va dans les deux sens. Plusieurs proverbes réfléchissent à la façon dont les parents devraient se comporter avec leurs enfants. Les enfants et les petits-enfants sont la grande fierté des parents. Les diverses générations ont besoin les unes des autres:

> *Couronne des vieillards: les enfants de leurs enfants;*
> *honneur des enfants: leurs parents!*   (17,6)

Choisis ton épouse à ton gré;
puisses-tu avoir un fils selon ton cœur. (sumérien)

Prendre femme, c'est l'affaire des hommes,
mais avoir des enfants, cela dépend de Dieu.

(sumérien; voir 19,14)

Pour un parent, les enfants sont plus précieux que tous les biens matériels:

Mieux vaut le rire des enfants
qu'un logis en ordre. (anglais)

Les enfants sont une source de grandes joies pour les parents mais il arrive aussi, parfois, que leur comportement leur cause beaucoup de peine:

Qui engendre un sot, c'est pour son chagrin;
il n'a guère de joie, le père du fou! (17,21)

Mieux vaut avoir pour fils une statue de pierre
qu'un insensé. (égyptien, Onchsheshonqy)

Il importe donc que les parents donnent à leurs enfants une bonne éducation:

Instruis l'enfant de la voie à suivre,
devenu vieux, il ne s'en détournera pas. (22,6)

On éduque son enfant parce qu'on lui a donné le jour,
pas pour ce qu'il va produire. (africain)

La mère qui a donné la vie à un enfant
saura bien lui trouver un berceau. (africain)

Un enfant sans éducation
ressemble à une maison sans toit. (africain)

Les enfants deviennent ce qu'on fait d'eux. (anglais)

Ce qu'on apprend au berceau
nous reste jusqu'à la tombe.   (anglais)

Les parents éduquent d'abord leurs enfants par l'exemple qu'ils leur donnent. Ils leur enseignent plus par leurs actes que par leurs paroles:

Le juste va honnêtement son chemin,
heureux ses enfants après lui!   (20, 7)

Comme chante l'oiseau, piaillent les oisillons.

(anglais, danois)

Les actes parlent plus fort que les mots.   (anglais)

L'exemple vaut mieux que le précepte.   (anglais)

Le bon exemple est le meilleur des sermons. (anglais)

Une bonne éducation exige aussi que les parents corrigent leurs enfants à l'occasion. Tous les proverbes sur la correction dans les rapports d'autorité trouvent ici à s'appliquer et, en plus, d'autres proverbes traitent du châtiment corporel administré par les parents. Cette pratique doit être replacée dans le contexte de l'époque et de la culture et, de fait, nous retrouvons des idées semblables dans plusieurs cultures différentes. Les enfants ont besoin d'être corrigés parce que, comme tous les êtres humains, ils sont imparfaits.

La folie est ancrée au cœur de l'enfant,
le fouet bien appliqué l'en délivre.   (22,15)

N'épargne pas le bâton à ton fils,
autrement, tu ne pourras pas le détourner du mal.

(araméen, *Ahiqar*)

Qui n'a pas goûté au fouet n'a pas été éduqué.

(grec, *Ménandre*)

Même si quelqu'un ne comprend pas un regard sévère,
il comprendra la poussée qui le projette au sol.

(africain)

Il n'est pas toujours facile pour le parent de corriger son enfant. Cela demande parfois du courage, mais c'est un signe d'amour :

Qui épargne la baguette hait son fils,
qui l'aime prodigue la correction.   (13,24)

Qui aime bien châtie bien.   (latin)

La punition, cependant, ne doit jamais être donnée sous le coup de la colère; autrement, le parent risque d'aller trop loin. Il pourrait blesser gravement son enfant :

Tant qu'il y a de l'espoir, châtie ton fils!
Mais ne va pas jusqu'à le faire mourir.   (19,18)

Si je te frappe, mon fils,
tu ne mourras pas.   (araméen, *Ahiqar*)

Les proverbes affirment que, lorsque le châtiment est prodigué par amour et non sous le coup de la colère, il contribuera au bien de l'enfant. C'est ce qu'enseigne le Recueil des sages du livre des Proverbes (22,17–24,34) :

Ne ménage pas à l'enfant la correction,
si tu le frappes de la baguette, il n'en mourra pas!
Frappe-le de la baguette
et tu délivreras son âme du shéol [le séjour des morts].

(23,13-14)

Qui épargne la baguette gâte l'enfant.   (anglais)

La discipline est d'ailleurs tout à l'avantage des parents car un enfant gâté ne peut que leur causer de graves ennuis:

> *Baguette et réprimande procurent sagesse,*
> *l'enfant laissé à lui-même est la honte de sa mère.*

(29,15)

Les enfants n'aimeront pas être corrigés mais, en fin de compte, ils seront reconnaissants pour les principes et l'éducation qu'ils auront reçus:

> *Corrige ton fils, il t'épargnera toute inquiétude*
> *et fera les délices de ton âme.* (29,17)

Les bons parents auront aussi à cœur l'avenir de leurs enfants, même sur le plan matériel:

> *Aux enfants de ses enfants l'homme de bien laisse son héritage,*
> *au juste est réservée la fortune des pécheurs.* (13,22)

Quelques proverbes scrutent la relation parent-enfant par l'autre bout de la lorgnette et décrivent comment les enfants devraient se comporter à l'égard de leurs parents. Le proverbe cité plus haut qui affirme que les enfants font la fierté de leurs parents observe également que les enfants sont fiers de leurs parents:

> *Honneur des enfants: leur père!* (17,6b)

> *Celui qui n'éprouve pas de fierté pour ses père et mère,*
> *que le soleil ne brille pas sur lui, car c'est un méchant.*

(araméen, *Ahiqar*;
voir la deuxième partie de 20,20)

> *Mieux vaut avoir une mère pauvre qu'être orphelin de mère.*

(africain)

> *L'enfant n'oublie jamais le foyer paternel.* (africain)

Même si l'enfant ne pleure pas,
sa mère lui manque.   (africain)

La mère est irremplaçable.   (africain)

La sagesse des enfants réjouit leurs parents, mais les insensés leur causent de grandes peines. Cette expérience commune s'exprime dans de nombreux proverbes:

Le fils sage réjouit son père,
le fol enfant chagrine sa mère.   (10,1)

Le fils sage réjouit son père,
seul un jeune insensé méprise sa mère. (15,20)

Chagrin pour son père qu'un fils insensé,
et amertume pour celle qui l'a enfanté. (17,25)

Deux proverbes bibliques précisent en quoi l'enfant provoque la joie ou la tristesse de ses parents. Un enfant avisé, sage, réjouit ses parents tandis que le paresseux, le débauché et le prodigue sont une cause de souffrances:

Le fils prudent engrange la récolte en été,
celui qui dort à la moisson déçoit les siens. (10,5)

L'amant de la Sagesse réjouit son père,
qui hante les prostituées dissipe son bien. (29,3)

Les parents ont le devoir d'éduquer leurs enfants et, en retour, on compte que les enfants écouteront ce que leur enseignent les parents:

Qui garde la loi est un fils avisé,
mais qui fréquente les débauchés est la honte de son père.

(28,7)

Sers ton père et ta mère
pour que tout aille bien pour toi.

(égyptien, *Onchsheshonqy*)

Les enfants doivent aussi accepter d'être corrigés par leurs parents. La correction ne sera pas toujours facile ni agréable, mais la prudence commande d'y prêter attention. Elle aide le jeune à mûrir:

Le fils sage prête l'oreille à la réprimande de son père;
le railleur n'entend pas les reproches. (13,1)

L'insensé méprise la discipline paternelle,
qui observe la réprimande est avisé. (15,5)

Le fils qui cesse d'écouter l'instruction
est voué à s'écarter des paroles de sagesse. (19,27)

Il est déjà mal de refuser les conseils de ses parents, mais certains font pire. Non seulement leur témoignent-ils du mépris mais ils vont jusqu'à les maltraiter, à les rejeter, à les maudire, à les voler et à leur mentir. Ce sont des enfants corrompus qui courent à leur perte. Pour en parler, les proverbes se font durs:

Qui dépouille son père et chasse sa mère
est un fils infâme et taré. (19,26)

Qui maudit son père et sa mère
verra s'éteindre la lampe au cœur des ténèbres. (20,20)

Qui dérobe à son père et à sa mère
en disant: «Point de péché!»
du brigand est le comparse. (24,24)

Qui n'honore pas ses parents
est maudit des dieux pour sa malice.

(araméen, *Ahiqar*)

On ne livre pas sa mère aux chiens
même si elle est dépravée.   (africain)

Ces enfants-là préparent leur propre châtiment car, en plus de perdre l'amour de leurs parents, ils seront déshérités:

Un serviteur intelligent l'emporte sur le fils dégénéré:
avec les frères, il partagera l'héritage.   (17,2)

Seul et avec les autres

Le livre de la Genèse affirme qu'il n'est pas bon pour l'être humain d'être seul (*Genèse* 2,18). La personne est au cœur d'un réseau de relations. Un proverbe indique le danger qu'il y a à être trop seul et à s'isoler:

Qui vit à l'écart suit son bon plaisir,
contre tout conseil il s'irrite.   (18,1)

Celui qui se coupe des autres devient le centre de sa propre existence. Il ne voit plus le monde que de son point de vue limité. Il se fermera à de nouvelles idées et refusera de changer. La croissance humaine a besoin du contact avec les autres qui peuvent nous offrir des conseils, des critiques constructives et des idées nouvelles:

Le fer s'aiguise par le fer
l'homme s'affine au contact de son prochain. (27,17)

Des proverbes de partout confirment cette vérité: les gens ont besoin des autres.

Ajoute une main à une autre
— et la maison se dresse.   (sumérien)

Mieux vaut connaître une personne
qu'un pays.   (africain)

Mieux vaut le travail collectif
que le travail individuel. (africain)

Mieux vaut une vieille grand-mère à la maison
qu'une maison vide. (africain)

Le travail fait à plusieurs est plus léger.

(anglais, néerlandais)

Mieux vaut souffrir d'avoir aimé
que de souffrir de n'avoir jamais aimé. (anglais)

Se réunir, c'est un début ;
rester ensemble, c'est un progrès ;
travailler ensemble, c'est une réussite. (anglais)

Un bon compagnon de voyage est le meilleur des raccourcis.

(anglais)

Ne te coupe pas de la communauté. (juif)

Comme les autres ont beaucoup d'influence sur nous, il importe de bien choisir ses amis. Les bons compagnons nous rendent meilleurs, les mauvais peuvent nous égarer et causer notre perte:

Hante les sages, tu deviendras sage ;
qui fréquente les sots en pâtit. (13,20)

Plusieurs cultures reprennent la même idée. Les gens ont également tendance à rechercher ceux qui pensent et qui se conduisent comme eux:

Le compagnon de l'insensé est insensé ;
le compagnon de l'homme sage est sage.

(égyptien, *Onchsheshonqy*)

De celui dont je mange le pain,
je chante aussi la chanson.

(allemand, anglais, néerlandais)

Les oiseaux de même plumage s'assemblent. (anglais)

Celui qui va avec les loups apprend à hurler.

(espagnol)

Dis-moi qui tu fréquentes,
et je te dirai qui tu es. (français)

Qui se ressemble se rassemble. (français)

Les grands esprits se rencontrent. (français)

Prenez deux branches, une verte et une sèche,
la branche sèche fera brûler l'autre. (juif)

Si tu veux tout connaître d'un homme,
demande qui sont ses amis. (juif)

Quand on couche avec les chiens,
on se lève avec des puces. (néerlandais)

Plusieurs proverbes nous rappellent que les sages sont de bonne compagnie mais qu'il faut éviter les insensés:

Écarte-toi du sot,
car tu ignorerais les lèvres savantes. (14,7)

Le railleur n'aime pas qu'on le reprenne,
avec les sages il ne va guère. (15,12)

L'oreille attentive à la réprimande salutaire
a sa demeure parmi les sages. (15,31)

Si la compagnie est mauvaise,
mieux vaut marcher seul. (africain)

Il faut éviter le commérage, se méfier du colporteur, comme l'ont indiqué d'autres proverbes:

> *Il révèle les secrets, le bavard,*
> *avec qui parle trop, point de commerce!* (20,19)

D'autres nous déçoivent. Ils ne sont pas là quand on aurait besoin d'eux. Un bon ami doit être fidèle:

> *Dent gâtée, pied boiteux,*
> *le traître sur qui l'on comptait au jour du malheur.*
>
> (25,19)

Les flatteurs ne sont pas plus fiables. Ils ne nous aident en rien car, s'ils ne disent pas la vérité, ils nous égarent:

> *L'homme qui flatte son prochain*
> *sous ses pas tend un filet.* (29,5)

Nous avons besoin des autres. Nous devons leur faire confiance. Mais il nous faut user de prudence et de jugement:

> *Est bien imprudent qui tope dans la main*
> *et pour son prochain se porte caution.* (17,18)

De saines relations exigent une certaine réserve, de la discrétion et le respect de la vie privée des autres:

> *En la maison du prochain fais-toi rare*
> *de crainte que, fatigué, il ne te prenne en grippe.*
>
> (25,17)

Des proverbes de toutes les cultures font écho à cette idée. Des contacts trop fréquents ne sont jamais bons. Il faut discerner quand nous sommes les bienvenus et quand nous serions importuns:

> *Celui qui vient d'arriver est toujours agréable.*
>
> (africain)

La familiarité engendre le mépris.   (anglais)

Aime ton voisin mais ne supprime pas ta clôture.
                                          (anglais)

Une haie entre deux amis garde l'amitié verte.
                                          (anglais)

L'hôte et la pluie
après trois jours ennuient.   (français)

Les visites font toujours plaisir
— quand ce n'est pas à l'arrivée, c'est au départ.
                                          (portugais)

Amis et ennemis

Ce que disent les proverbes des compagnons et des proches vaut aussi des amis. L'amitié est un rapport privilégié: l'ami est plus qu'une simple connaissance. Le grand nombre de proverbes consacrés à l'amitié dans toutes les cultures montre bien son importance pour chacun de nous. Il est précieux de trouver un ami, mais rare est l'amitié véritable:

L'huile parfumée met le cœur en joie,
la douceur de l'amitié console l'âme.   (27,9)

Sage est celui qui veut avoir un ami;
l'insensé se cherche un ennemi.

                    (égyptien, Onchsheshonqy)

Pour les livres et pour les amis,
cherche la qualité et non la quantité.   (anglais)

Rien n'est si dangereux qu'un ignorant ami,
Mieux vaudrait un sage ennemi.

(français, *La Fontaine*)

Ami de plusieurs, ami de personne. (français)

Qu'est-ce qu'un ami?
C'est une seule âme habitant deux corps.

(grec, *Aristote*)

Mieux vaut un ennemi sage
qu'un ami insensé. (sanskrit)

Qui dit amitié, dit fidélité et loyauté, mais ces qualités ne courent pas les rues. Il faut travailler fort pour préserver la flamme de l'amitié:

Beaucoup de gens se prétendent hommes de bien,
mais un homme sûr, qui le trouvera? (20,6)

Si tu mets en doute la parole de ton ami,
tu fais la joie de tes ennemis. (africain)

C'est la flèche décochée par un ami
qui perce le cœur de l'ami. (africain)

Les petits présents entretiennent l'amitié.

(allemand, français, néerlandais)

Pour avoir un ami, il faut être un ami. (anglais)

Tes promesses peuvent te gagner des amis
mais c'est par ta conduite que tu les garderas.

(anglais)

Un faux ami est pire qu'un ennemi déclaré. (anglais)

> *Aujourd'hui ami, demain ennemi.* (anglais)

> *Les bons comptes font les bons amis.* (français)

Plusieurs proverbes comparent l'ami à la famille. L'un et l'autre sont importants. Un ami fidèle, comme un vrai frère, sera toujours là pour nous soutenir, même dans l'adversité:

> *Un ami aime en tout temps,*
> *un frère est engendré en vue de l'adversité.* (17,17)

> *Un frère aidé par son frère est une place forte,*
> *et des amis sont comme les verrous d'un donjon.*
>
> (18,19)

> *Les amis peuvent se perdre de vue pour un temps*
> *mais pas pour toujours.* (africain)

> *C'est dans le besoin qu'on connaît un ami.* (anglais)

> *Au besoin voit-on l'ami.*
>
> (français, *Roman de Renart*)

> *Le sang est plus épais que l'eau.* (juif)

Il arrive parfois que les amis soient plus proches et plus fiables que la famille.

> *Il y a des amis qui mènent à la ruine,*
> *il y en a qui sont plus chers qu'un frère.* (18,24)

> *N'abandonne pas ton ami ni l'ami de ton père;*
> *à la maison de ton frère ne va pas au jour de ton affliction.*
>
> (27,10a)

> *Mieux vaut un ami proche qu'un frère éloigné.*
>
> (27,10b)

Mieux vaut n'avoir pas de frère
qu'avoir un mauvais frère.

(égyptien, Onchsheshonqy)

Ne va pas trouver ton frère si tu as des problèmes,
va trouver ton ami. (égyptien, Onchsheshonqy)

Mieux vaut un bon ami
qu'un mauvais parent. (africain)

Un bon ami vaut mieux qu'un proche parent.

(anglais)

Un bon ami est ton plus proche parent. (anglais)

On peut choisir ses amis,
mais il faut accepter sa famille. (anglais[18])

Les vrais amis ne sont pas seulement loyaux (18,24), ils n'ont pas peur de dire les choses telles qu'elles sont:

Le juste donne un bon conseil à son ami,
mais la voie des méchants les égare. (12,26)

Loyales sont les bourrades d'un ami,
menaçante l'accolade d'un ennemi. (27,6)

Le fait de dire la vérité ne peut détruire l'amitié.

(africain)

Mieux vaut le froncement des sourcils de l'ami
que le sourire de l'insensé. (anglais)

---

18 Remarquez, toutefois, la nuance apportée par un autre proverbe anglais:
Il y a moins de chaleur chez les proches
mais moins de vérité chez les amis.

Il n'est pas facile de trouver un ami véritable, surtout pour les pauvres. Les riches en ont beaucoup, mais on peut se demander de quel genre d'amis il s'agit. Ce sont des amis «par temps clair» qui s'éloignent dès que le temps change. Plusieurs cultures ont réfléchi sur les rapports entre les biens et l'amitié:

> Même à son voisin, le pauvre est odieux,
> mais le riche a beaucoup d'amis. (14,20)

> La richesse multiplie les amis,
> mais de son ami le pauvre est privé. (19,4)

> Nombreux sont les flatteurs de l'homme généreux,
> tout le monde est l'intime de celui qui donne. (19,6)

> Tous les frères du pauvre le haïssent,
> à plus forte raison ses amis le délaissent-ils. (19,7)

> La pauvreté n'empêche pas l'amitié. (africain)

> Une bourse vide fait fuir les amis. (anglais)

> Tout le monde est le parent de l'homme riche. (anglais)

> Dans l'abondance, tes amis sont plus proches,
> mais dans le besoin, fie-toi à ta famille. (anglais)

> Qui a une bourse pleine n'a jamais manqué d'amis.
> (anglais)

> La prospérité attire les amis,
> l'adversité les éprouve. (anglais)

> À la porte des boutiques, se pressent parents et amis,
> à la porte du pauvre, ni parents ni amis. (juif)

Les conflits et les ragots peuvent nous faire perdre des amis.

> L'homme fourbe sème la querelle,
> le délateur jette la brouille entre amis. (16,28)

Et pourtant, nous pouvons cultiver l'amitié, l'étayer en pardonnant les offenses au lieu de les ressasser:

> Qui jette le voile sur une faute cultive l'amitié,
> qui répète la chose divise les intimes. (17,9)

> La personne qu'on aime n'a pas de défauts. (africain)

> Le pardon est le ciment
> qui colmate les relations. (anglais)

> L'offense pardonnée
> vaut mieux que l'offense vengée. (anglais)

> Pardonner un tort est la meilleure revanche. (anglais)

> La dent mord souvent la langue,
> et pourtant elles ne se quittent pas. (anglais)

> Traite les fautes des autres
> aussi délicatement que les tiennes. (chinois)

> Le faible ne peut jamais pardonner,
> le pardon est le propre des forts. (indien, Gandhi)

C'est un fait: les gens ont parfois des ennemis. Les gens de bien, cependant, ne limiteront pas leur générosité aux personnes qui les aiment mais feront aussi du bien à celles qui s'opposent à eux:

> Si ton ennemi a faim, sustente-le,
> s'il a soif, désaltère-le.

> (25,21; voir Romains 12,20)

Laisse aux dieux le soin de punir les insensés.
Nourris-les jusqu'à ce qu'ils soient repus;
donne-leur de ton pain jusqu'à ce qu'ils aient honte.

(égyptien, *Amen-em-ope*)

Si quelqu'un est disposé à ouvrir son cœur même à ses ennemis, Dieu pourra miraculeusement transformer ses ennemis en amis:

Que Yahvé se plaise à la conduite d'un homme,
il lui réconcilie même ses ennemis. (16,7)

Qu'est-ce qu'un héros?
Celui qui d'un ennemi se fait un ami. (rabbinique)

L'amour est la seule force capable
de transformer un ennemi en un ami.

(anglais, *Martin Luther King Jr*)

Les amis de nos amis sont nos amis. (français)

3. Ma relation à la nature

Un petit nombre de proverbes bibliques regardent la nature. Quelques-uns décrivent un vrai rapport entre les êtres humains et certains éléments du monde naturel. Un proverbe biblique affirme que Dieu est le Créateur du monde de la nature et donc de tout ce qui existe:

Yahvé fit toute chose en vue d'une fin,
et même le méchant pour le jour du malheur. (16,4)

Tout ce que Dieu a fait trouve sa place à l'intérieur de son grand dessein, comme le dit clairement le récit de la création (*Genèse* 1,1–2,4a). Le proverbe tente aussi de répondre à la question du mal dans le monde: il est là pour la fin que Dieu a en vue. D'autres cultures ont des proverbes semblables qui parlent simplement de la nature en rapport avec le genre humain:

Là où il pleut, il n'y a pas de disette.   (africain)

Mais la plupart des proverbes qui renvoient à la nature exploitent plutôt un rapport d'analogie entre la nature et les êtres humains: ils recourent à la métaphore pour souligner une ressemblance entre un phénomène naturel et notre comportement. Les auteurs de ces proverbes se sont tournés vers la nature pour formuler des directives sur la façon d'agir du sage et de l'insensé.

Les diverses cultures ont fait de même. Il y a, bien sûr, quelques différences importantes entre les proverbes reliés à la nature. Le climat et les animaux varient d'une région du monde à l'autre. On ne trouve pas beaucoup de neige en Afrique ni beaucoup de lions au Canada. Par ailleurs, il arrive souvent que des cultures différentes lisent différemment un phénomène naturel ou l'attitude d'un animal. Dans la société occidentale contemporaine, par exemple, on regarde les chiens et les chats d'un autre œil que dans le reste du monde. Les principes fondamentaux n'en continuent pas moins de s'appliquer: en tant qu'êtres humains, nous avons des choses à apprendre de la nature. Dans les pages qui suivent, comme je l'ai fait jusqu'à présent, je prendrai la Bible comme point de départ et j'y ajouterai des proverbes de diverses autres cultures.

Les éléments de la nature

Plusieurs proverbes considèrent les différents éléments de la nature. Voyons ces éléments dans l'ordre où ils apparaissent dans le récit biblique de la création du monde (*Genèse* 1,1–2,4a).

Vient d'abord *l'eau*. Tout le monde sait l'importance de l'eau en Israël, encore aujourd'hui; on ne s'étonnera donc pas que plusieurs proverbes en traitent. Il y a l'eau qui tombe d'en haut sous forme de neige ou de pluie. (Voir aussi 25,13.14, cité dans la section intitulée «Ce que je dis».)

> *L'aquilon engendre la pluie,*
> *la langue indiscrète un visage affligé.*   (25,23)

> *Pas de neige en été, pas de pluie à la moisson,*
> *pas davantage de situation honorable pour le sot.*
>   (26,1)

La neige serait incongrue en été comme la pluie au temps de la récolte — qu'elle ruinerait, d'ailleurs. Même chose s'il s'agit d'honorer le sot: cela ne convient pas et ne pourrait, en encourageant l'insensé, que le rendre encore plus dangereux:

> *Un homme méchant qui opprime des malheureux*
> *est comme une pluie dévastatrice qui ne laisse plus de pain.*
>   (28,3)

La pluie est nécessaire à la terre mais elle peut aussi détruire les récoltes. Il y a des riches qui détruisent les pauvres gens en les opprimant.

La pluie est importante pour tout le monde, et toutes les cultures l'affirment dans leurs proverbes, nous venons de le voir[19].

> *Là où il pleut, il n'y a pas de disette.*   (africain)

---

19   George D. FREISER, *Weather Proverbs*, Tucson, AZ, Fisher Books, 1992. Ce recueil présente 600 dictons utilisés au Canada, presque tous d'origine européenne. Comme le climat de plusieurs régions du Canada ressemble à celui de quelques régions d'Europe, la vérité de ces proverbes continue de s'appliquer ici.

Quand la neige tombe épaisse et mouillante,
c'est une bordée de sucre [d'érable].   (français)

Après la pluie, le beau temps.   (français)

Lune brouillée, pluie assurée.   (français)

À la Chandeleur [2 février], s'il pleut ou nivole,
après quarante jours l'hiver s'envole.
Si, au contraire, il fait beau temps,
l'ours [ailleurs: le siffleux] entre dans sa tanière mécontent.
(français)

D'avril, les ondées
font les fleurs de mai.   (français)

Pluie matinale
n'est pas journale [ne dure pas toute la journée].
(français)

Sous forme de neige ou de pluie, l'eau nous vient d'en haut mais il sourd aussi de sous la terre des sources et des fontaines:

Fontaine piétinée, source corrompue,
tel le juste tremblant devant un méchant!   (25,26)

Quel soulagement de trouver une source, surtout au désert, mais quelle déception si l'eau en est contaminée! Tout comme lorsqu'on voit un juste s'écraser devant un méchant.

La façon dont l'eau s'écoule offre une analogie qui éclaire les rapports entre le formateur et les personnes en formation:

Un ruisseau ne remonte jamais en deçà de sa source.
(anglais)

Il se forme aussi des étendues d'eau, comme les lacs ou la mer. Qui se penche vers la surface de l'eau peut s'y contempler comme en un miroir. De la même façon, nous pouvons nous voir et apprendre à nous connaître en observant les autres:

> *Comme l'eau est un miroir pour le visage,*
> *le cœur de l'homme l'est pour l'homme.* (27,19)

Deuxième élément de la création de la nature, *la terre*, qui comprend le sable et la pierre. L'un et l'autre ont du poids:

> *Lourde est la pierre, pesant le sable,*
> *plus encore l'irritation que cause l'insensé.* (27,3)

> *J'ai soulevé du sable et j'ai transporté du sel*
> *mais il n'y a rien de plus lourd qu'une dette.*
>
> (araméen, *Ahiqar*)

Troisièmement, Dieu a fait surgir du sol *la végétation*. Il y a bien des espèces de plantes et d'arbres; le figuier est un arbre important en Israël:

> *Le gardien du figuier mange de son fruit,*
> *qui veille sur son maître sera honoré.* (27,18)

Il est exact qu'il faut cultiver l'arbre et l'émonder pour qu'il donne un bon fruit. Cela s'applique à toutes les situations humaines; la personne qui travaille fort à entretenir ses relations en sera récompensée. Il va de soi que nombre de cultures ont des proverbes inspirés des arbres de leur région:

> *La pomme ne tombe jamais loin de l'arbre.*
> [= *Tel père, tel fils* (français)]
> (allemand, anglais, néerlandais)

> *Si les feuilles tardent à tomber*
> *L'hiver qui s'en vient sera froid.* (anglais)

> *D'un petit gland naît un grand chêne.* (français)

Sous la terre se trouve, pour l'Ancien Testament, le séjour des morts, *le shéol*. Tout le monde s'y rend après la mort et le shéol n'est jamais comblé:

> *Insatiables sont le Shéol et la Perdition,*
> *ainsi les yeux de l'homme sont insatiables.* (27,20)

Les convoitises et les ambitions humaines sont hélas sans limites. Qohélet reprend la même idée dans un autre proverbe:

> *Personne ne peut dire que les yeux ont assez vu*
> *ou les oreilles entendu leur content.* (*Qohélet* 1,8)

Les animaux

Après les plantes, dans le récit de la Genèse, viennent les animaux. Un proverbe des recueils salomoniens parle explicitement du comportement humain à l'endroit des animaux:

> *Le juste prend soin de la vie de ses bêtes,*
> *mais les entrailles des méchants sont cruelles.* (12,10)

Il faut témoigner de la bonté non seulement aux personnes mais aussi aux autres êtres vivants (*Deutéronome* 25,4). Les gens révèlent ce qu'ils sont par leur façon de traiter les bêtes.

D'autres proverbes soulignent la ressemblance entre le comportement des animaux et celui des humains. Voyons d'abord *les oiseaux en général*:

> *Comme l'oiseau qui erre loin de son nid,*
> *ainsi l'homme qui erre loin du pays natal.* (27,8)

À l'époque biblique, les gens avaient un sens profond de la communauté. Ceux qui se coupaient de la communauté perdaient tout leur réseau de soutien. L'analogie entre le «nid» et le «foyer» vaut toujours aujourd'hui. En flamand, nous disons que les jeunes qui se marient construisent leur petit nid bien à eux. Quelques proverbes modernes se servent de l'image de l'oiseau et de son nid qu'on vient de voir dans le premier vers du proverbe biblique (27,8a):

C'est un vilain oiseau que celui qui salit son nid.

(anglais)

À chaque oiseau son nid semble beau. (français)

Plusieurs cultures ont des proverbes sur les oiseaux, qui font le lien avec le comportement humain:

Les biens sont comme un passereau en plein vol.

(égyptien, *Amen-em-ope*)

Une parole humaine est un oiseau:
une fois lâchée, on ne peut plus la reprendre.

(araméen, *Ahiqar*)

L'oiseau en plein vol semble plus petit qu'il ne l'est.

(africain)

C'est l'oiseau matinal qui attrape le ver. (anglais)

Laisse voler au-dessus de ta tête
les oiseaux du souci et de l'inquiétude.
[cela signifie que tu ne peux les empêcher de voler mais que tu
peux au moins les empêcher de faire leur nid dans tes cheveux].

(chinois)

Un autre proverbe biblique parle d'espèces particulières quoique communes, comme le *passereau* et l'*hirondelle*:

Le passereau s'échappe, l'hirondelle s'envole,
mais la malédiction gratuite n'atteint pas son but.

(26,2)

Les gens, à l'époque, croyaient que les malédictions étaient efficaces par elles-mêmes, mais ce proverbe affirme que les malédictions injustifiées passent par-dessus leur objet sans lui faire plus de mal qu'un oiseau. C'est l'idée que reprend ce proverbe-ci:

> *Les bâtons et les pierres peuvent me casser les os*
> *mais jamais les injures ne me feront de mal.* (anglais)

Plusieurs proverbes de différentes cultures concordent avec le contenu de la seconde partie du proverbe biblique (27,8b) — on n'est jamais si bien que chez soi:

> *À l'est ou à l'ouest, c'est chez soi qu'on est le mieux.*
> (allemand, anglais, néeerlandais)

> *Un petit chez soi vaut mieux qu'un grand chez les autres.*
> (anglais)

> *On n'est nulle part si bien que chez soi.*　　(anglais)

> *Le tic-tac de la pendule du foyer*
> *ne ressemble à aucun autre.*　　(néerlandais)

Les êtres humains doivent partager la terre ferme avec diverses espèces animales. Plusieurs proverbes mettent en scène des *animaux terrestres dangeureux*, notamment le *lion*:

> *Semblable au rugissement du lion, la fureur du roi!*
> *Mais comme la rosée sur l'herbe, sa faveur*[20]. (19,12)

> *«Un lion sur la route! dit le paresseux,*
> *un lion sur la place!»*　　(26,13)

---

[20]　Ce proverbe utilise une seconde image tirée de la nature: en Israël, où la pluie est rare, la rosée du matin est essentielle aux cultures.

Il faut éviter le lion rugissant, tout comme le roi en colère. D'autres proverbes recourent à la même image:

> *Semblable au rugissement du lion, la colère du roi!*
> *Qui l'irrite met sa vie en péril.* (20,2)

> *Un lion rugissant, un ours à jeun:*
> *tel est le méchant qui domine un peuple de miséreux.*
> (28,15)

Le lion peut aussi symboliser le courage et la force:

> *Le méchant s'enfuit quand nul ne le poursuit;*
> *le juste a l'assurance d'un lionceau.* (28,1)

Le méchant a mauvaise conscience et ne se sent donc jamais en sécurité, tandis que le juste peut affronter la vie avec assurance. Comparer:

> *La conscience nous rend tous poltrons.*
> (anglais, *Shakespeare*)

Plusieurs cultures issues de régions où l'on trouve des lions les mettent en scène dans leurs proverbes ou font intervenir d'autres bêtes dangereuses:

> *Qui est protégé par le léopard*
> *peut aller au puits sans crainte.* (africain)

> *Qui voyage beaucoup*
> *connaît les habitudes du lion.* (africain)

> *Aie la force du léopard,*
> *la légèreté de l'aigle,*
> *la rapidité du cerf*
> *et la force du lion*
> *pour faire la volonté de ton Père qui est aux cieux.*
> (juif)

Un des proverbes bibliques ci-dessus (28,15) évoquait *l'ours* en parallèle avec le lion. D'autres proverbes mettent en scène cet animal:

> *Plutôt rencontrer une ourse à qui on a ravi ses petits*
> *qu'un insensé en son délire.* (17,12)

> *Ne vendez pas la peau de l'ours avant de l'avoir pris.*
>
> (anglais[21], néerlandais)

À côté des fauves, on trouve aussi des animaux qui sont utiles aux gens, comme *l'agneau* et *la chèvre*. Ils nous procurent des aliments. Parmi les proverbes courts du deuxième recueil salomonien (*Proverbes* 25,1–29,27), se trouve un petit poème qui tire de la vie rurale matière à enseignement:

> *Connais bien l'état de ton menu bétail,*
> *à ton troupeau donne tes soins;*
> *car la richesse n'est pas éternelle,*
> *un trésor ne se transmet pas d'âge en âge.*
> *Une fois l'herbe enlevée, le regain apparu,*
> *ramassé le foin des montagnes,*
> *aie des agneaux pour te vêtir,*
> *des boucs pour payer tes champs,*
> *le lait des chèvres en abondance pour te sustenter*
> *et pour l'entretien de tes servantes.* (27,23-27)

Le poème nous enseigne à prendre soin de tout ce que nous avons[22].

---

[21] Comparer: *Ne vendez pas vos poulets avant qu'ils soient éclos.* (anglais)

[22] Il y a un proverbe moderne qui parle de moutons, mais dans une optique différente:
Tu peux te faire tuer autant pour un mouton
que pour un agneau. (anglais)

Parmi les animaux dont se servent les paysans pour cultiver la terre ou comme bêtes de charge, il faut compter *le bœuf, le cheval* et *l'âne*:

> *Point de bœufs, point de froment;*
> *taureau vigoureux, récolte abondante.* (14,4)

Pris à la lettre, ce proverbe parle d'agriculture, mais la métaphore peut s'appliquer à bien d'autres situations: il faut prendre les moyens nécessaires pour obtenir de bons résultats. Plusieurs cultures ont aussi des proverbes mettant en scène ces trois animaux:

> *Si un âne court avec un cheval,*
> *il prend le même pas.* (égyptien, *Onchsheshonqy*)

> *Les bœufs moissonnent l'orge et le froment,*
> *mais ce sont les ânes qui en mangent.*
> (égyptien, *Onchsheshonqy*)

> *Il ne faut pas mettre la charrue avant les bœufs.*
> (allemand, anglais, français, néerlandais)

> *On achète les bons chevaux à l'écurie.*
> (allemand, français, néerlandais)

> *À cheval donné, on ne regarde pas les dents.*
> (allemand, français, tchèque)

> *Il n'y a pas d'âne qui n'aime s'entendre braire.*
> (anglais)

> *C'est comme fouetter un cheval mort.* (anglais)
> = *N'éveillez pas le chat qui dort.* [ne pas réveiller le passé]
> (français)

Donnez-moi plutôt un âne qui me porte
qu'un cheval qui me démonte.   (anglais)

N'éperonnez pas un cheval qui ne demande qu'à marcher.
                                        (anglais)

Ne montez pas sur vos grands chevaux.
                              (anglais, français)

On peut mener le cheval à l'abreuvoir
mais on ne peut pas le forcer à boire.
                              (anglais, français)

Il est trop tard pour fermer la porte de l'écurie
quand la jument a été volée.   (anglais, français)

Il faut prendre le taureau par les cornes.   (français)

L'œil du maître engraisse le cheval.   (français)

L'âne de la communauté est toujours le plus mal bâté.
                                        (français)

Nul ne sait mieux que l'âne où le bât le blesse.
                                        (français)

Il est bien aise d'aller à pied
qui tient son cheval par la bride.

                                        (français)

Qui veut voyager loin ménage sa monture.
                                        (français)

Les bêtes de trait ou de charge ont besoin de discipline.
On ne peut les laisser s'exciter:

        Le fouet au cheval, à l'âne la bride,
        pour l'échine des sots, le bâton!   (26,3)

Ce proverbe reprend l'idée de plusieurs proverbes cités plus haut sur le châtiment corporel pour traiter avec les insensés et dans l'éducation des enfants.

Reste enfin *le chien*, animal méprisé en Israël. La sagesse biblique ne traite pas cet animal comme le souhaiteraient ceux et celles qui s'en sont fait aujourd'hui un animal de compagnie! Mais son comportement reflète celui de certaines personnes:

> *Comme le chien revient à son vomissement,*
> *le sot retourne à sa folie.* (26,11)

L'insensé ne tire pas les leçons de son expérience. Il répète l'erreur qu'il a déjà commise, exactement comme le chien qui avale ce qu'il a vomi. Dans le Nouveau Testament, l'auteur de la Seconde Épître de Pierre cite ce proverbe et lui en accole un autre, inspiré lui aussi du règne animal:

> *La truie, à peine lavée,*
> *se vautre dans le bourbier.* (2 Pierre 2,22)

Un autre proverbe nous avertit de faire attention avec les chiens, chose que bien des gens savent par expérience:

> *C'est prendre par les oreilles un chien errant*
> *que de s'immiscer dans une querelle étrangère.* (26,17)

C'est chercher les ennuis que de prendre un chien errant par les oreilles (la Septante, version grecque de l'Ancien Testament, dit «par la queue»). Même chose pour qui se mêle des querelles des autres. Plusieurs autres cultures ont des proverbes sur le chien, soit pour faire passer un message semblable, soit pour donner d'autres leçons:

> *On n'a pas un chien pour aboyer soi-même.* (anglais)

> *Les chiens ne se mangent pas entre eux.* (anglais)

Chien qui aboie ne mord pas.
(anglais, français, néerlandais)

Qui hante chiens, puces remporte. (français, *Baïf*)

Qui veut noyer son chien l'accuse de la rage.
(français, *Molière*)

Le chien affamé mange du fumier. (juif)

Trouver le chien dans la marmite.

(expression néerlandaise: rentrer à la maison après que le repas soit terminé)

4. Ma relation à Dieu

Les deux recueils salomoniens contiennent un grand nombre de proverbes qui font référence à Dieu — beaucoup plus, toutes proportions gardées, qu'on en trouve dans la plupart des autres cultures. Dans le premier recueil (*Proverbes* 10,1–22,16 soit 375 versets), 55 dictons utilisent le terme «Yahvé» pour Dieu. Dans le second recueil (*Proverbes* 25,1–29,27 soit 138 versets), on en trouve six. Le nom de Dieu apparaît donc dans 61 versets sur 513. Certains de ces *Proverbes* parlent de ce que Dieu fait aux gens, d'autres, de ce que les gens font à Dieu, et le plus grand nombre aborde les deux aspects. Ce que nous faisons détermine la façon dont Dieu nous traite.

Comme d'habitude, plusieurs de ces proverbes énoncent d'abord l'attitude positive et ses conséquences puis, en antithèse, le comportement négatif.

Dieu a fabriqué l'Univers (16,4), il est donc le *Créateur* de tous les êtres humains:

Riche et pauvre ont une chose en commun:
Yahvé les a faits tous les deux. (22,2)

Comme le pauvre et le riche ont été créés par Dieu, il se soucie de l'un et de l'autre, quels que soient leurs comptes en banque:

> *Le pauvre et l'usurier ont une chose en commun:*
> *tous deux reçoivent de Yahvé la lumière du jour.*
>
> (29,13)

Puisque Dieu prodigue la lumière à l'oppresseur comme à l'opprimé, tous deux peuvent voir ce qu'ils font:

> *Dieu fait lever son soleil sur les méchants et sur les bons,*
> *et tomber la pluie sur les justes et sur les injustes.*
>
> (*Matthieu 5,45*)

> *Que tu sois petit ou gros,*
> *c'est ton Dieu qui va t'aider.*   (sumérien)

> *Les dieux peuvent accorder à des milliers*
> *une période de puissance*
> *et à des milliers un temps à l'impuissance.*
>
> (égyptien, *Amen-em-ope*)

Puisque Dieu a créé les êtres humains, il *voit* et *sait* tout ce qu'ils font:

> *En tout lieu sont les yeux de Yahvé,*
> *ils observent les méchants et les bons.*   (15,3)

Les gens comprennent que Dieu connaît et voit tout. Il surveille les bons et les méchants, ce qui laisse entendre qu'il les jugera en conséquence. Dans beaucoup de tavernes des Flandres on trouvait autrefois l'image d'un gros œil surmontant l'inscription suivante: «Ici on ne blasphème pas». Nous l'avons vu, plusieurs proverbes affirment que le cœur humain est un mystère pour les autres et même pour soi-même. Il n'en est pas un pour Dieu, cependant:

> *Shéol et Abîme sont devant Yahvé;*
> *combien plus le cœur des enfants des hommes!* (15,11)

Dieu garde plusieurs choses cachées que les gens cherchent à découvrir:

> *C'est la gloire de Dieu de celer une chose,*
> *c'est la gloire des rois de la scruter.* (25,2)

> *Là où cuisine Dieu, on ne voit pas de fumée.*
>
> (africain)

Puisque Dieu nous voit et nous connaît totalement, il nous *éprouve* et nous *évalue*:

> *Il y a le creuset pour l'argent, le fourneau pour l'or,*
> *mais Yahvé éprouve les cœurs!* (17,3)

> *Aux yeux de l'homme, toutes ses actions sont droites*
> *mais Yahvé pèse les cœurs.* (21,2; voir 16,2)

Les jugements de Dieu et sa façon de nous traiter sont bien meilleurs que la façon dont nous nous traitons les uns les autres:

> *Il vaut mieux s'adresser à Dieu qu'à ses saints.*
>
> (français)

Plusieurs proverbes le signalent, les gens ont beau faire toutes sortes de plans, c'est Dieu en définitive qui *décide* de ce qui se produira. La vie est imprévisible. Cette idée revient sous différentes formes:

> *À l'homme, les projets du cœur;*
> *de Yahvé vient la réponse.* (16,1)

> *Le cœur de l'homme cherche sa voie*
> *mais c'est Yahvé qui affermit ses pas.* (16,9)

Sur la poitrine on jette le sort,
de Yahvé dépend la décision.

(16,33; voir 19,21; 21,31)

Les êtres humains ne peuvent conjecturer des voies de Dieu à partir de ce qu'ils observent:

Yahvé dirige les pas de l'homme:
comment l'homme comprendrait-il son chemin?

(20,24)

L'idée selon laquelle nos plans et les voies de Dieu ne se recoupent pas nécessairement, c'est la forte leçon du récit de la construction de la tour de Babel (*Genèse* 11,1-9). Les proverbes de différentes cultures font la même observation:

Les desseins de Dieu, on ne peut les comprendre,
les voies de Dieu, on ne peut les saisir. (sumérien)

Les paroles des hommes sont une chose,
celles de Dieu en sont une autre.

(égyptien, *Amen-em-ope*)

L'itinéraire de Dieu est différent
des idées des gens. (égyptien, *Onchsheshonqy*)

Tu fournis la flèche,
mais c'est Dieu qui la guide. (araméen, *Ahiqar*)

L'homme propose et Dieu dispose.

(latin, *Thomas a Kempis*)

Dieu fixe le dernier jour de chacun;
personne ne meurt avant son heure
et personne n'y survit. (africain)

Même si nombre de proverbes insistent sur l'importance de travailler dur pour arriver quelque part, un proverbe biblique affirme qu'en fin de compte tout ce que nous faisons est un don de Dieu:

> *C'est la bénédiction de Yahvé qui enrichit,*
> *sans que l'effort y ajoute rien.* (10,22)

Des proverbes de différentes cultures traitent du rapport entre la volonté de Dieu et son aide, d'une part, et notre travail, de l'autre:

> *Tout est possible pour Dieu.* (Marc 10, 27)

> *Prépare-toi au combat, ton Dieu t'aidera.*
> (sumérien)

> *Toute bonne action vient de la main de Dieu.*
> (égyptien, *Onchsheshonqy*)

> *Travaille comme si tout dépendait de toi,*
> *tout en sachant que tout est grâce.*
> (latin, *Augustin d'Hippone*)

> *Dieu assiste ceux qui courent fort.* (africain)

> *L'homme fait ce qu'il peut et ce que Dieu veut.*
> (anglais)

> *Aide-toi et le ciel t'aidera.* (français)

> *Prie Dieu mais continue de ramer vers la rive.* (russe)

Le fait que Dieu a toujours le dernier mot peut en inquiéter certains, mais assure au croyant que le résultat final sera pour le mieux. Les gens doivent donc *faire confiance* à Dieu:

> *Recommande à Yahvé tes œuvres,*
> *tes projets se réaliseront.* (16,3)

> *Qui est attentif à la parole trouve le bonheur,*
> *qui se fie en Yahvé est bienheureux.* (16,20)

Une tour puissante, le nom de Yahvé!
Le juste s'y confie et devient inaccessible!

(18,10; voir 20,22; 28,25; 29,25)

Plusieurs proverbes de partout à travers le monde exhortent les auditeurs à mettre leur confiance en Dieu plutôt que de ne se fier qu'à eux-mêmes:

Ce n'est pas la richesse qui nous soutient,
c'est Dieu. (sumérien)

Dépose ce qui t'inquiète dans la main de Dieu.

(égyptien, Onchsheshonqy)

Mieux vaut le don de Dieu
que le cadeau des gens. (africain)

Dieu ne se lasse jamais de ses amis. (africain)

La hutte construite par Dieu
ne sera pas renversée par le vent. (africain)

Si un aveugle marche tout près d'un précipice,
sa destinée marche tout près de Dieu. (africain)

Si tu pries le Tout-puissant,
tu ne pries pas en vain. (africain)

Ce que Dieu donne
dépasse ce qu'on lui demande. (africain)

L'aide de Dieu est plus proche que la porte. (anglais)

Dieu ne ferme jamais une porte
sans en ouvrir une autre. (anglais)

Si Dieu ferme la porte
il ouvre la fenêtre. (anglais)

Si Dieu verrouille la porte,
n'essaie pas d'entrer par la fenêtre. (anglais)

Ceux qui n'ont pas foi en Dieu
n'auront pas foi en l'homme. (anglais)

C'est encore l'idée de la confiance en Dieu qui s'exprime quand on dit que les gens doivent *craindre* Yahvé, ce qui en hébreu signifie l'honorer de tout son cœur, de toute son âme, de tout son esprit et de toutes ses forces:

La crainte de Yahvé prolonge les jours,
les années des méchants seront abrégées. (10,27)

Crainte de Yahvé, place de sûreté;
ses enfants ont en lui un refuge. (14,26)

La crainte de Yahvé est source de vie
pour éviter les pièges de la mort.
                    (14,27; voir 15,33; 19,23; 22,4)

Offre un sacrifice et des libations à Dieu;
que la crainte de Dieu se répande dans ton cœur.

                    (égyptien, *Onchsheshonqy*)

Une autre façon de compter sur Dieu consiste à le *chercher,* ce qui veut dire suivre sa volonté ou le servir:

Les méchants ne comprennent pas le droit,
ceux qui cherchent Yahvé comprennent tout. (28,5)

Sers ton Dieu
pour qu'il puisse te protéger.

                    (égyptien, *Onchsheshonqy*)

Qui marche dans les voies de Dieu
ne s'égarera jamais. (africain)

> *On peut servir Dieu sans l'aimer*
> *mais on ne peut aimer Dieu sans le servir.*   (anglais)

Plusieurs proverbes décrivent la façon dont Dieu juge les actions humaines. On y évoque la plupart des attitudes et des comportements décrits dans les proverbes sur le sujet ou sur les rapports avec autrui, mais cette fois du point de vue de Dieu. Il y a des attitudes que Yahvé approuve, tandis que certaines formes de comportement sont taxées d'abomination aux yeux de Dieu. Ceci nous rappelle la loi biblique, qui contient aussi des listes d'abominations (*Lévitique* 18, 22.26.29-30; *Deutéronome* 7,25). Dieu *abhorre* les méchants, les cœurs dépravés, ceux qui concoctent des projets malhonnêtes:

> *Abomination pour Yahvé, les cœurs dépravés;*
> *il aime ceux dont la conduite est honnête.*   (11,20)

> *Abomination pour Yahvé, la mauvaise conduite;*
> *mais il chérit qui poursuit la justice.*   (15,9)

> *Abomination pour Yahvé, les machinations perfides;*
> *mais les paroles bienveillantes sont pures.*   (15,26)

Dieu déteste aussi les gens qui commettent l'injustice en affaires:

> *Abomination pour Yahvé, la balance fausse;*
> *mais le poids juste lui plaît.*   (11,1)

> *Deux poids, deux mesures,*
> *c'est une abomination pour Yahvé.*
>
> (20,10; voir 20,23 et 16,11)

> *N'appuie pas sur la balance, ne fausse pas les poids,*
> *et ne trafique pas les fractions de la mesure.*
>
> (égyptien, Amen-em-ope)

Il condamne ceux qui violent la justice au tribunal:

> *Acquitter le coupable et condamner le juste:*
> *deux choses également en horreur à Yahvé.* (17,15)

Yahvé abhorre les menteurs et les arrogants:

> *Abomination pour Yahvé, des lèvres menteuses;*
> *il aime ceux qui disent la vérité.* (12,22)

> *Abomination pour Yahvé, un cœur altier!*
> *à coup sûr, il ne restera pas indemne.* (16,5)

> *Dieu aime celui qui s'occupe des faibles;*
> *les paroles fausses sont pour lui une abomination.*
>
> (égyptien, *Amen-em-ope*)

Les proverbes bibliques n'ont pas l'habitude de faire allusion au culte mais, dans la catégorie des choses qui représentent une abomination pour Yahvé, quelques proverbes mentionnent les sacrifices et les prières des méchants. Ces actions ne sont pas sincères: ce sont des mensonges. Voilà qui correspond exactement à ce que disent les prophètes (*Amos* 5,21-27; *Isaïe* 1,10-17) et Jésus (*Matthieu* 5,23-24) — Dieu n'est pas quelqu'un qu'on puisse acheter à coups de sacrifices ou de prières. Ces proverbes, cependant, ne parlent pas du culte d'Israël comme tel mais du culte en général, si bien qu'ils peuvent s'appliquer à toutes les religions:

> *Abomination pour Yahvé, le sacrifice des méchants;*
> *mais la prière des hommes droits fait ses délices.*
>
> (15,8)

> *Abomination, le sacrifice des méchants,*
> *surtout s'ils l'offrent dans une pensée criminelle.*
>
> (21,27)

> Qui se bouche les oreilles pour ne pas entendre la loi,
> sa prière est une abomination. (28,9)

Dieu demande la justice plus que les sacrifices, parce que la justice est beaucoup plus exigeante:

> Pratiquer la justice et le droit,
> aux yeux de Yahvé, vaut mieux que les sacrifices.
>
> (21,3)

Bien sûr, cela ne veut pas dire que les prières soient inutiles. Mais le même principe continue de s'appliquer: Dieu accepte la prière des fidèles mais rejette la prière des méchants:

> Des méchants Yahvé s'éloigne,
> mais il entend la prière des justes. (15,29)

> Ne va pas prier Dieu
> puis mépriser ce qu'il dit.
>
> (égyptien, Onchsheshonqy)

Puisque Yahvé a horreur de la fausseté, il récompense les gens en conséquence. Dieu bouleverse les plans des méchants, des cupides, des injustes et des orgueilleux, mais il regarde avec bienveillance ceux des justes et des humbles:

> Yahvé ne laisse pas le juste affamé,
> mais il méprise la convoitise des méchants. (10,3)

> Yahvé renverse la maison des superbes,
> mais il relève la borne de la veuve. (15,25)

> Le Juste surveille la maison du méchant:
> dans le malheur il précipite les méchants.
>
> (21,12; voir 12,2; 22,8.12)

> Beaucoup cultivent la faveur du chef,
> mais de Yahvé vient le droit de chacun. (29,26)

De la même façon, partout à travers le monde, on croit que Dieu est un juge juste et équitable:

> *Quant à la justice, la récompense de Dieu,*
> *il l'accorde à qui il veut.* (égyptien, *Amen-em-ope*)

> *Les moulins de Dieu tournent lentement.* (anglais)

Tous ces proverbes montrent comment Dieu réagit au comportement humain dont font l'éloge les proverbes sur le sujet et ses rapports à autrui. Quelques très beaux proverbes, toutefois, nous entraînent beaucoup plus loin. *Ce que nous faisons rejoint directement Dieu.* La personne qui n'est pas en harmonie avec elle-même n'est donc pas en harmonie avec Dieu:

> *C'est la folie de l'homme qui contrarie sa destinée*
> *et c'est contre Yahvé que son cœur s'emporte.* (19,3)

Notre comportement avec les autres et, en particulier, notre façon de traiter les pauvres touche Dieu directement:

> *Opprimer le pauvre, c'est outrager son Créateur;*
> *être bon pour les malheureux l'honore.* (14,31)

> *Qui tourne en dérision le pauvre, outrage son Créateur,*
> *qui rit d'un malheureux ne restera pas impuni.* (17,5)

> *Qui fait la charité au pauvre prête à Yahvé,*
> *lequel paiera le bienfait de retour.* (19,17)

Cet enseignement correspond aux paroles de Jésus (*Matthieu* 25,40.45) et à ce que disent les proverbes de plusieurs autres cultures:

> *Si quelqu'un veut se moquer du pauvre,*
> *qu'il se moque de Dieu, puisque c'est lui qui l'a créé.*
>
> (africain)

Conclusion

La littérature sapientielle biblique est très différente des autres livres de la Bible hébraïque. La sagesse semble si «humaine», si «séculière», comparée à la Loi «révélée» et à la parole de Dieu proclamée par les prophètes. Néanmoins, l'étude des proverbes probablement les plus anciens (les deux recueils salomoniens de *Proverbes* 10,1–22,16 et de 25,1–29,27) nous a montré que la personne idéale qu'ils décrivent correspond à l'enseignement de la Loi et des prophètes.

Il est évident que la personne humaine est au cœur de ces proverbes bibliques. Ils parlent du genre humain comme le font les récits de la création. De nombreux proverbes réfléchissent sur la personne en tant que telle, et plusieurs aussi sur les rapports du sujet avec les autres. En général, les proverbes qui parlent de la nature établissent une comparaison entre des éléments de la nature et le comportement humain. Même les prophètes qui parlent de Dieu ne réfléchissent pas sur Dieu en lui-même, mais sur la façon dont il influence notre vie quotidienne. Ainsi tous ces proverbes parlent-ils de comportements, d'attitudes et de valeurs humaines. Quiconque connaît la littérature biblique remarque que les grandes valeurs d'honnêteté, de loyauté, de justice et bien d'autres qui apparaissent dans ces proverbes sont précisément celles que proposent d'autres livres de la Bible.

Tout cela suppose que les êtres humains ont une grande dignité. Comme nous l'avons relevé, les proverbes présentent la sagesse comme un savoir que nous avons acquis par expérience, à la différence du message révélé de la Loi et des prophètes. Si les deux types de littérature en viennent à des conclusions semblables, nous le voyons, c'est que le cœur humain peut découvrir par lui-même ce qui est bien et ce qui a du prix aux yeux de Dieu. Si les gens mettaient aujourd'hui en pratique ces vieux proverbes, notre monde s'en trouverait moins mal.

La présente étude a fait ressortir la ressemblance entre plusieurs proverbes bibliques et d'autres proverbes anciens et modernes originaires des quatre coins du monde. La culture sumérienne remonte au troisième millénaire avant notre ère ; les citations sumériennes représentent probablement les proverbes les plus anciens que nous connaissions. Les textes égyptiens sont également très anciens. Ptah-hotep a enseigné vers 2450 avant Jésus Christ et Amen-em-ope, entre 1200 et 1000 avant l'ère chrétienne. Il est difficile d'établir l'âge des proverbes utilisés aujourd'hui en Asie et en Afrique, mais eux aussi peuvent remonter très loin dans le temps. Même les proverbes tirés des cultures européennes peuvent avoir plusieurs siècles. Je trouve fascinant de constater que des proverbes du troisième millénaire avant notre ère et d'autres que nous utilisons encore aujourd'hui recommandent les mêmes valeurs et la même façon d'agir. Les gens, un peu partout à travers le monde, ont découvert chacun de leur côté, en réfléchissant sur leur expérience, les valeurs humaines authentiques et durables.

Il y a eu et il y a encore aujourd'hui des guerres de religion. Les gens ont tué au nom de «leur» Dieu. Ils croyaient ainsi accomplir la volonté de Dieu. Mais personne à ma connaissance n'est monté au front en invoquant la sagesse qui s'exprime dans les proverbes. C'est qu'ils illustrent ce que l'humanité a en commun et proposent des valeurs universellement acceptées. Ils ne sont pas enfermés dans un lieu, une époque, une culture, une langue, une religion, une philosophie ou une théologie. Transcendant tout cela, les proverbes ne divisent pas les gens, ils les unissent.

L'Occident moderne n'utilise plus beaucoup de proverbes mais nous n'en apprécions pas moins les valeurs qu'ils formulent et nous continuons d'y aspirer. Il n'y a sans doute jamais eu d'époque dans l'histoire et il n'y a sans doute pas non plus d'endroit dans le monde où plus de gens recourent au *counselling* qu'aujourd'hui en Occident. On veut être mis sur la voie d'une existence plus pleine. On veut trouver l'harmonie dans sa propre vie et dans ses rapports avec les autres: entre conjoints, entre parents et enfants, entre amis. On a plus que jamais conscience de l'importance de la nature. En même temps, on est en quête d'une spiritualité. Les librairies débordent d'ouvrages sur ces sujets — sur la façon de faire des choix, sur les relations conjugales, sur l'éducation des enfants, sur l'alimentation et l'exercice physique, sur la façon de décrocher un emploi, sur la gestion, sur la psychologie et sur diverses religions et spiritualités (orientales, occidentales, autochtones). Tous ces livres essaient de faire ce que les proverbes ont fait pendant des siècles à travers le monde.

Les proverbes proposent une sagesse qui nous aide à vivre notre vie et à répondre aux questions que nous nous posons. Ils nous guident vers le bonheur — non pas l'euphorie d'un instant mais un bonheur durable fondé sur des valeurs éprouvées. Personne d'entre nous — moi, le premier — ne suit et n'applique constamment cette sagesse séculaire et universelle. Les proverbes, partout à travers le monde, traitent aussi de ce versant négatif de la nature humaine. Parfois, nous agissons comme des idiots. Les proverbes ne sont pas des gourous: ils ne s'imposent jamais à nous. Au contraire, ils nous invitent à nous arrêter, à réfléchir et à choisir ce que nous ferons du reste de notre vie. Les proverbes ne peuvent faire plus que proposer; à nous de décider par nous-mêmes.

Au moins les proverbes nous donnent-ils le choix:

Que la personne avisée écoute...

(*Proverbes* 1,5)

Bibliographie

Proverbes bibliques

ALDEN, R.L., *Proverbs. A Commentary on an Ancient Book of Timeless Advice*, Grand Rapids, Baker Book House, 1983.

COHEN, A., *Proverbs. Hebrew Text and English Translation with an Introduction and Commentary*, 7e édition, Londres/Jérusalem/New York, The Soncino Press, coll. «Soncino Books of the Bible», 1976 (1ère édition, 1946).

MCKANE, W., *Proverbs. A New Approach*, Londres, SCM Press, coll. «Old Testament Library», 1970.

SCOTT, B.B.Y., *Proverbs — Ecclesiastes*, Garden City, Doubleday, coll. «Anchor Bible» 18, 1965.

WESTERMANN, C., *Roots of Wisdom. The Oldest Proverbs of Israel and Other Peoples*, Louisville, Westminster John Knox Press, 1995 (original allemand, 1990).

WHYBRAY, R.N., *The Book of Proverbs*, Cambridge, Cambridge University Press, coll. «The Cambridge Bible Commentary», 1972.

Proverbes du Proche Orient ancien

ALSTER, B., *Studies in Sumerian Proverbs*, Copenhague, Akademisk Forlag, 1975.

GORDON, E.I., *Sumerian Proverbs*, Philadelphie, 1959.

LÉVÊQUE, J., *Sagesses de l'Égypte ancienne*, Paris, Éditions du Cerf, «Cahiers Évangile», supplément 46, 1984.

LÉVÊQUE, J., *Sagesses de Mésopotamie, augmentées d'un dossier sur le «juste souffrant» en Égypte*, Paris, Éditions du Cerf, «Cahiers Évangile», supplément 85, 1993.

MATTHEWS, V.H. ET BENJAMIN, D.C., *Old Testament Parallels. Laws and Stories from the Ancient Near East*, New York, Paulist Press, 1991.

PRITCHARD, J.B. (dir.), *Ancient Near Eastern Texts Relating to the Old Testament*, 2ᵉ éd., Princeton, Princeton University Press, 1955. Voir la section intitulée «Proverbs and Precepts: Egyptian – Akkadian – Aramaic», p. 412-430.

Proverbes de partout

Treasury of Proverbs and Epigrams, New York, Avenal Books, 1954.

MALOUX, M., *Dictonnaire des proverbes, sentences et maximes*, Paris, Larousse, 1996.

MONTREYNAUD, F., PIERRONI, A., ET F. SUZZONI, *Dictionnaire de proverbes et dictons*, Paris, Dictionnaires Le Robert, coll. «Les usuels», 1993.

Proverbes africains

DABIRE, J.M., ROUAMBA, S., ET T. KABORE, «Proverbes de la Bible et proverbes africains», *Koumi, la voix des séminaires*, mai 1968, p. 13-20.

GOLKA, F.W., *The Leopard's Spots: Biblical and African Wisdom in Proverbs*, Edinburgh, T & T Clark, 1993.

NARÉ, L., *Proverbes salomoniens et proverbes mossi. Étude comparative à partir d'une nouvelle analyse de Proverbes 25-29*, Frankfurt am Main/Bern/New York, P. Lang, «Publications universitaires européennes», Série XXIII Théologie, vol. 283, 1986.

RODEGEM, F., *Sagesse Kirundi. Proverbes, dictons, locutions usités au Burundi*, Tervuren, Musée royal du Congo belge, 1961.

RODEGEM, F., *Anthologie Rundi*, Paris, A. Colin, 1973.

RODEGEM, F., *Paroles de Sagesse au Burundi*, Leuven, Peeters, 1983.

TIENDREBEOGO, Y., *Contes du Larhallé*, Ouagadougou, 1964.

Proverbes allemands

SCHULZ, D., et H. GRIESBACH, *1000 idiomatische Redensarten Deutsch mit Erklärungen und Beispielen*, Berlin, Langenscheidt, 1961.

Proverbes anglais

[Anonyme, sans titre] Collection de dictons et de proverbes sur l'amour, la tendresse et la générosité, publiée à Bombay par l'ashram Shanti Avedna (le premier hospice indien); [sans date].

RIDOUT, R., ET C. WITTING, *The Macmillan Dictionary of English Proverbs Explained*, Londres, Macmillan Publishers, 1995.

SIMPSON, J.A. (dir.), *The Concise Oxford Dictionary of Proverbs*, Oxford, Oxford University Press, 1982.

Proverbes français

DESRUISSEAUX, P., *Dictionnaire des proverbes québécois*, Nouvelle édition, Montréal, 1997.

DESRUISSEAUX, P., *Le petit proverbier. Proverbes français, québécois et anglais*, Montréal, Bibliothèque québécoise, 1997.

MARTIN, E., *Deux cents locutions et proverbes. Origine et explications*, Paris, Librairie Delagrave, 1936.

Proverbes néerlandais

STOETT, F.A., *Nederlandse Spreekwoorden en Gezegden verklaard en vergeleken met die in het Frans, Duits en Engels*, Zutphen, W.J. Thieme, negende druk: bewerkt door C. Kruyskamp, 1974 (1ère édition, 1928).

VAN EEDEN, E., *Groot Speekwoordenboek: Herkomst, betekenis en gebruik van alle bekende spreekwoorden*, Aartselaar, Zuidnederlandse Uitgeverij, 1997.

Table des matières

AGMV Marquis

MEMBRE DE SCABRINI MEDIA

Québec, Canada
2004